Harald Krämer
Schwimmen mit Alligatoren
Reisen mit allen Sinnen

Schwimmen mit Alligatoren

Reisen mit allen Sinnen

Bibliografische Informationen der Deutschen Nationalbibliothek.
Die Deutsche Nationalbibliothek verzeichnet diese Publikation in
der Deutschen Nationalbibliographie, detaillierte bibliografische
Daten sind im Internet über http://dnb.d-nb.de abrufbar.

Lektorat : Nadin Krämer

Herstellung und Verlag: Books on Demand GmbH, Norderstedt
Umschlaggestaltung, Satz und Layout bei Autor
ISBN 978-3-833-49777-3

Vorwort

In jedem Menschen steckt ein Künstler, diese Behauptung Professor Joseph Beuys hat mich inspiriert, leider erweisen sich meine Gemälde und Skulpturen als „Schief", ebenso wie mein Gesang. Aber erleben bedeutet für mich etwas zu genießen und vielleicht ist das Reisen auf eigene Faust eine noch unentdeckte Form der Kunst, eine Kunst, die man mit allen Sinnen genießen kann, die man nicht verkaufen kann, die unbezahlbar ist.

Reisen bedeutet nicht: Ankommen! Oder: Der Weg ist das Ziel. Unter dieser Prämisse gehe ich in die schönsten Wochen des Jahres. Nach Reisen in über sechzig Länder auf vier Kontinenten kommen da natürlich einige Erlebnisse zusammen, mit diesem Büchlein möchte ich niemanden von Seinem geliebten Urlaub a la „All Inklusive" oder „Ballermann" abhalten, jeder soll nach seiner Fasson glücklich werden, wenn aber der Ein oder Andere nach der Lektüre Seine Angst vor dem Unbekannten überwindet und auch mal eine Tour außerhalb des umzäunten Hotelareals unternimmt, auf europäischen Komfort zumindest teilweise verzichtet und vor Allem auch kulinarisch offen ist, wird er vielleicht auch infiziert und sieht die Welt, wie Sie ist: Wunderschön, bewohnt von netten Menschen und Tieren, die man auch ohne störende Zäune beobachten kann. Es muss ja keine Besteigung des Mount Everest oder eine Grönlanddurchquerung mittels Hundeschlitten sein, es gibt auch weniger Spektakuläres, was man den Daheimgebliebenen erzählen kann und wovon man dann auch im Alter noch zehrt. Jeder soll seine eigenen Reisen nach seinem persönlichen Gusto unternehmen, jeder erlebt seine Tour auf seine ganz eigene, ganz besondere, Art, ich möchte keine der nachfolgenden Erlebnisse missen, in diesem Sinne: Viel Vergnügen und vielleicht treffen wir uns ja mal unterwegs?

Inhaltsverzeichnis

Schwimmen mit Alligatoren

Das Pantanal im Süden Brasiliens, an der Grenze zu Paraguay, ist eine riesige, flache Sumpflandschaft mit Tieren, die man, wenn überhaupt, nur aus dem Zoo kennt....

Für die Anreise von den Iguacu – Wasserfällen nach Campo Grande am Rande des Sumpfgebietes haben wir einen Nachtbus gewählt, erste Reihe, über dem Fahrer, mit Auflagen für die Füße, bequem, aber bei den Entfernunggen, die man in diesem riesigen Land zurücklegen kann, sollte man nicht gerade die miesesten Busse benützen – nicht gut für den Rücken! Leidvolle Erfahrungen in ausrangierten amerikanischen Schulbussen sprechen für sich! Vor Ort haben wir die Wahl zwischen jeder Menge luxuriöser Haziendas aller erdenklichen Preisklassen, Luxus pur, und einem Zeltlager mit Wasser aus dem Brunnen, sowie schlafen in Hängematten. Letzteres befindet sich allerdings mitten drin in der Wildnis, weit ab von Landepisten und Strassen. Ohne ordentliche Telefonverbindung und ärztliche Versorgung vor Ort. Wir entscheiden uns für die Zelte. Das buchen ist etwas problematisch, denn die Angestellte der Agentur ist deutscher Abstammung, Anniliese Schmitz steht auf dem Schildchen am Revers, und besteht darauf, sich mit uns in Ihrer Sprache zu unterhalten. Leider spricht Sie einen sehr alten schwäbischen Dialekt und ich bin froh, als ein anderer Gast der Agentur, ein Hazienda Besitzer, sich in englisch in das Gespräch einklinkt, von da ab können auch wir der Unterhaltung folgen, Sie verläuft zwar nicht so ganz im Sinne des Gutsherren, der sein Luxusanwesen mit glühenden Worten anpreist und die diversen

Gefahren der Wildnis auflistet, allerdings stand unsere Entscheidung schon vor dem Gespräch fest!

Am nächsten Morgen geht´s los. Sechs Stunden im Kleinbus und, als ob das noch nicht genug wäre, umsteigen auf die Ladefläche eines geländegängigen Kleinlasters (Mit Holzbänken!) und nochmals sechs Stunden über Holperwege und baufällige Holzbrücken, vorbei an Tümpeln voller Kaimane und Alligatoren, begleitet von „Tujujus", einer Art Riesenstörchen, in der wissenschaftlichen Literatur nennt man sie „Jaburu Störche" den Wappentieren des Pantanal, (Wenn Sie fliegen erinnern Sie an Flugsaurier, man kommt sich vor, als ob man urplötzlich in graue Vorzeit versetzt worden wäre!)bis ins Camp. Während der Regenzeit ist die ganze Gegend ein flacher See. Trockenzeit ist besser! (Für die Gesundheit und man sieht mehr Tiere, außerdem ist Dauerregen schlecht für das Gemüt. Ich kann da mitreden, ich bin in Deutschland aufgewachsen!) Es sind noch so ca. 20 andere Gäste vor Ort und wir sind in Gruppen zu acht mit je einem Guide eingeteilt! Genächtigt wird in luftigen Zelten mit Hängematten, jede Gruppe in einem Eigenen, Marion, meine Lebenspartnerin, kriegt eine Luftmatratze in einem „Zelt im Zelt" ein bisschen Privatsphäre muss sein meint Sie – auch OK!

Schon im Lager leben einige Tiere: Ein junger Emu, ein kleiner Hund undefinierbarer Rasse und Chiquita, der Hyazinth – Ara, wir sollen auf unsere Ohrringe aufpassen, die liebt er – schlecht für unsere Ohren!

Wenn man beobachtet, wie der große Vogel steinharte Palmfrüchte ohne erkennbare Anstrengung knackt, wir brauchen dafür eine Eisensäge.

Wenn der Riesenpapagei mit dem Hund spielt und dabei dessen Beinchen im Schnabel hat – also mir bleibt fast das Herz stehen – aber im Pantanal gibt es schon im Campground artenübergreifende Freundschaften.

Zeburinder ziehen in kleinen Herden am Lagerplatz vorbei, das Pantanal wird auch intensiv zur Viehzucht genutzt, schon beeindruckend die riesigen Hörner!

Es gibt eine „Bar" mit Bier und dem, in diesem Lande nahezu unvermeidlichen Caipirinha, das Eis hierfür liefert ein Gasbetriebener Kühlschrank. Duschen mit lauwarmem Wasser und sogar eine Küche, die uns mit leckerem Essen versorgt. Vegetarisch! Nach all den Grillgerichten, die es sonst immer gibt eine echte Abwechslung! Was wollen wir also mehr?

Mit Sonnenaufgang ist an Schlaf nicht mehr zu denken, Schwärme von Tukanen und ganze Ara Familien fliegen ohrenbetäubend kreischend über das Lager, so eine Art natürlicher Wecker. Da bleibt Keiner liegen!

Gauchos kommen mit mageren Pferden, wir werden reitend die Umgebung erkunden. Vorbei an unzähligen Wassertümpeln mit den üblichen Panzerechsen, in der Ferne ganze Schwärme Emus, den hiesigen Straussen, und Familien von Capibaras (Übersetzt heißt das: Herr des Grases, hört sich doch wirklich besser an als „Wasserschwein", wie die größten Nagetiere der Welt [Bis zu 40 Kg!] auf Deutsch heißen, oder?), reiten wir über das Grasmeer. Noch schöner wäre das Erlebnis, wenn man denn reiten könnte! (Besonders, wenn die Pferde sich im Galopp üben habe ich so meine liebe Not, im Sattel zu bleiben) Unser Guide fängt ein Gürteltier (Hat ganz schön Angst, das arme Viech!) und sogar kleinere Alligatoren (So bis etwas über einen Meter Länge) mit der Hand! Bei dem „Kleinen Ameisenbären", der drohend seine Grabklauen präsentiert, hält er aber respektvollen Abstand! Auf den wenigen, etwas höher gelegenen Flecken, in der Regenzeit: Den Inseln, wachsen sogar Bäume, Nasenbären laufen über die Äste, Aras in allen Farben nisten in Baumhöhlen, Tujujus in den Wipfeln, mit einem Fernglas kann man das Familienleben der Vögel beobachten, aus der Nähe betrachten wir dann das Nest eines Kolibris – groß wie ein Fingerhut, aber alles da, was dazu gehört, sogar ein Ei! Wilde Bienen hängen in ganzen Trauben an den Bäumen (Ich habe mal gelesen, dass es in ganz Südamerika nur noch diese „Killerbienen" gibt, eine aggressive Kreuzung aus domestizierten und wilden Stämmen, also ganz langsam vorbei, bloß nicht reizen!) Vor mir führen Marion und Xavier plötzlich eine Art Veitstanz auf. Sie sind wohl versehentlich in ein Nest von gut Drei Zentimeter großen Grabwespen getreten! Und diese schwarzen Biester reißen Ihnen jetzt ganze Stücke aus den Beinen (Vielleicht etwas übertrieben, aber die Bisswunden sind mehrere Millimeter tief und anscheinend recht schmerzhaft!) Ich mache lieber einen kleinen Umweg. Unser Guide erklärt uns die Flora des Pantanal, manches kennt man von Zuhause – so als Vogelfutter, steinharte Palmfrüchte entfalten nach dem aufschlagen der Schale eine Art „Weihnachtsbaum" aus Samendolden, manche der Pflanzen kenne ich von heimischen Fensterbänken, wenn auch meist etwas kleiner, vieles ist für uns normale Mitteleuropäer jedoch völliges Neuland!

Am nächsten Tag geht es zum Angeln. Wir fahren zu sechst in einem kleinen Aluminiumpaddelboot in die Mitte eines pechschwarzen Sees, bewaffnet mit dünnen Bambusruten, an welchen Angelschnur und Haken befestigt sind. Als Köder dienen Stücke vom Rinderherz – mit Würmern fängt man keine Piranhas, die Raubfische stehen auf deftigere Köder! Alligatoren und Kaimane umschwimmen unser Boot und hoffen auf ihren Anteil. Leider sehen wir keine Anakonda, die Riesenschlangen sind Meister der Tarnung. Am Ufer haben wir die Spur eines Jaguars gesehen und nun ertönt vom entfernten Ufer ein Geschrei, wie von einem Schwein im Todeskampf – Riesenotter auf der Jagd erklärt uns unser Führer – unheimlich finden wir! Marion ist alleine am Ufer zurück geblieben und fühlt sich von tausend Augen beobachtet, was wahrscheinlich auch stimmt. Ich sehe ab und an mittels Fernglas nach Ihr, kein Jaguar, keine Panzerechsen in unmittelbarer Nähe, alles ist in bester Ordnung!

Meist füttern wir die Raubfische nur, das ist dann so ein „raspelndes" Gefühl und man muss den Köder erneuern, manchmal beißt dann aber doch einer an und läst sich erstaunlicher Weise ohne nennenswerten Widerstand ins Boot hieven. Nun bin ich kein Angler, aber mit ein wenig mehr Mühe hatte ich schon gerechnet – so auf die Art: Mensch gegen Bestie! Nur beim lösen vom Haken ist Vorsicht geboten, die Zähne haben es in sich – unser Guide, er besteht darauf, sämtliche gefangenen Raubfische höchstpersönlich in den Sammeleimer zu befördern, blutet nach dem dritten Fisch nicht schlecht! Das er seine Hand einfach im See abwäscht, finde ich mutig und sage es auch. Die Geschwindigkeit, mit der er sein Greifwerkzeug wieder ins Trockene befördert spricht eine andere Sprache.

Man muss beim einholen seiner Beute allerdings schneller sein, als die Panzerechsen, sonst ist man seinen Fang recht bald wieder los. Manchmal fliegen dann auch Brocken vom Köder über Bord, wir können die Tierchen schließlich nicht verhungern lassen! Aus der Hand füttern wollen wir Sie aber auch nicht!

Währen die Crew unsere Beute ausnimmt und brät gehen Xavier und ich schwimmen, die Einheimischen kümmern sich auch nicht um die allgegenwärtigen Alligatoren! („Die fressen nur Fische") Außerdem haben Sie gerade die Reste unseres Köders und die Eingeweide der Piranhas gekriegt, sollten also satt sein! Als dann mein Mitschwimmer allerdings einen gellenden Schrei ablässt, schaffe ich die ca. 5 Meter bis zum rettenden Ufer in Weltrekordzeit, (Kurz davor muss ich etwas abbremsen, um keine

Schneise ins flache Land zu schlagen) dabei hat er nur eine der vielleicht Zehn Echsen abtauchen sehen! OK: Also genießen wir unsere exotische Fischmahlzeit (Echt lecker!)und begeben uns zur Ruhe in unsere Hängematten!
Am nächsten Morgen ist Marions Fuß durch die Wespenbisse bis zur Unkenntlichkeit angeschwollen. Nicht tragisch meinen die Leute im Camp, das ist schon in wenigen Tagen abgeklungen, dafür braucht man keinen Arzt! Aber wir brechen unseren Besuch in der Wildnis dann doch vorzeitig ab und kehren in die Zivilisation zurück. Unterwegs läuft uns sozusagen als krönender Abschluss, noch ein Riesenameisenbär (Die Viecher werden gut zwei Meter lang) mit einem Jungen auf dem Rücken über den Weg, wir betrachten die Tiere aus respektvollem Abstand, wenn selbst die Guides das tun... Abends im Hotel pflücken wir uns dann gegenseitig über zwanzig Zecken aus den zerschundenen Körpern. (Gefährlich sind die Viecher nur in Österreich und den südlichen Bundesländern Deutschlands! Hier sind Sie höchstens lästig!) Wir beschäftigen uns den Rest des Tages mit Schaufensterbummeln, besichtigen das ortsansässige Don Bosco Museum (Der Papst war auch schon da.)und genießen Kaffee am Wegesrand. Morgen fliegen wir dann nach Rio!

Caipirinha

Der Cocktail Brasiliens, kein Longdrink, auch, wenn er manchmal als Solcher verkauft wird!
Zutaten: *-Gestoßenes Eis*
                        -1 Limone
                        -Cachacka nach Geschmack
                        -Brauner Rohrzucker
Zubereitung:
(Für eine Portion!)

Die Limone (Das sind die kleinen grünen Dinger, keinesfalls Zitronen verwenden, das verfälscht nicht nur die Optik, es schmeckt einfach nicht!) inklusive der Schale   vierteln, in ein hohes, oben breites, Glas füllen, mit dem braunem Rohrzucker nach Geschmack bestreuen, der Unterschied zum Weißen ist die Farbe, aber nehmt Braunen!), dann mittels eines (Holz!) Stößels zerquetschen.
Das Glas zu drei Vierteln mit gecrushtem Eis füllen, je nach Gusto mit mehr oder weniger Cachacka auffüllen (Lasst Euch nicht von

der Werbung beeindrucken, das, was in Deutschland der Marktführer ist schmeckt nicht unbedingt am Besten!), gut umrühren und durch einen Strohhalm trinken!
Ich verzichte meist auf die Limonenscheibe am Glasrand und auch das Papierschirmchen kann im Laden bleiben.

Etwas zu lange in Rio

Wir wollen die letzten Tage unserer Brasilien Tour in Rio de Janeiro verbringen, stilvoll mit Hotel direkt an der Copacabana! Die Unterkünfte in der ersten Reihe, also nur durch die Promenade vom Strand getrennt, sprengen mit ihren Preisvorstellungen etwas unser Budget! Wir finden unsere Bleibe für die nächsten Nächte eine Strasse weiter, gleicher Komfort, ein Viertel des Preises und, bedingt durch eine Baulücke, freie Aussicht auf das Treiben am Strand. Schon am frühen Morgen treffen sich die Sportgruppen zum Volleyball oder zur Gymnastik. Oben ohne baden oder auch nur das Umziehen am Strand ist verboten, die Einwohner der Metropole verbringen einen guten Teil des Tages am und im Wasser. Sehen und gesehen werden lautet die Devise. Wir wollen zum Zuckerhut. So weit scheint Der gar nicht entfernt zu sein, ich beschließe, dass wir erst am Strand entlang wandern und erst an dessen Ende ein Taxi nehmen. Das wendet dann probehalber und fährt die ganze, abgewanderte Strecke wieder zurück, hätten wir auch mal einen Blick in die andere Richtung gemacht, wäre es uns vielleicht aufgefallen: Der Berg, auf den wir zugelaufen sind sieht zwar genauso Zuckerhutartig aus wie der echte, allein: Er ist es nicht! Ich hätte nicht auf wandern bestehen sollen, jetzt muss ich die Konsequenzen tragen. Marion hat auf der Strecke ein Lokal mit deutscher Küche entdeckt und gedenkt darin am Abend zu speisen! Am Berg hängen einige Seile mit Bergsteigern, wir nehmen die Seilbahn wie einst schon James Bond, nur ohne den Beißer! Aussicht auf die diversen Strände, die Stadt, die sich auf mehrere Täler verteilt und den berühmten Jesus, auch den anderen Zuckerhut kann man von hieraus sehen, kleiner als der Echte, aber ich glaube, besser: Ich weiß! Man kann die beiden Berge leicht verwechseln. Berggipfel der gepflegten Art, man flaniert im Park, besucht ein Restaurant, von unten wirkt Alles klein, hier oben sind die Dimensionen etwas anders, irgendwie größer. Nach der Talfahrt suchen wir uns einen Bus zu den Favelas, es gibt eine historische Straßenbahnlinie durch die verwinkelten Elendsviertel, über zerbrechlich wirkende, schmale Viadukte geht die Strecke, fast ausschließlich Touristen nutzen die wenigen Sitzplätze in den offenen Waggons. Man kann auch während der Fahrt zusteigen, die Bahn zuckelt recht geruhsam durch die engen Kehren, nur, wer auch einen Sitzplatz ergattert, muss den Fahrpreis auch bezahlen. Direkt an einer der Haltestellen gibt es eines der Restaurants, in denen man seine Speisen nach Gewicht bezahlt, es gibt sie im ganzen Land, egal, was man sich auf den Teller häuft: Die Waage bestimmt den Preis. Kartoffeln oder sonstige „Sättigungsbeilagen" können mir gestohlen bleiben! Die zum Überleben notwendigen Vitamine und pflanzlichen Nährstoffe liefert die Cervesa! Dieses Etablissement ist das gepflegteste unsere Tour, wir werden den Service Morgen noch einmal nutzen! Am Abend jedoch, wie angedroht: Deutsche Küche. Was als Kasseler mit Sauerkraut auf der Speisenkarte steht lockt allerdings mit Sicherheit keine kulinarisch interessierten Besucher in unser Heimatland! Wir kehren also noch in einem zweiten Lokal ein, ich mag diese Stilbrüche in der Ernährung während Reisen sowieso nicht! Wobei die Spezialitäten aus dem Amazonasbecken mich auch nicht gerade vom Hocker reißen. Saft, frisch gepresst aus Guaranas und Acerolas ist allerdings Klasse. Auch der Saft aus Cashew Äpfeln ist etwas Besonderes, die bei uns verkauften Kerne befinden sich in einem Nierenförmigen Auswuchs oberhalb der eigentlichen Frucht. Der Saft schmeckt leicht säuerlich. Wir erkunden noch etwas die nähere Umgebung, alle Hauseingänge sind mit schweren Gittern versehen, Polizisten sind so gut wie permanent präsent. Die

„berühmten" Straßenkinder sieht man noch, die berüchtigten Todeskommandos haben also nicht alle erwischt, allerdings hat man anscheinend leider auch keine vernünftige Lösung des Problems gefunden. Die Obrigkeit beschränkt sich allem Anschein nach darauf, die Kinder samt Ihren Kartonbehausungen aus den nobleren Vierteln der Stadt zu vertreiben, so nach dem Motto: Aus den Augen, aus dem Sinn! Ob das den Kindern wirklich hilft wage ich etwas zu bezweifeln! Wir fühlen uns jedenfalls nicht von Ihnen bedroht. Wenn man sich einigermaßen vernünftig aufführt und die Leute mit dem Ihnen gebührenden Respekt behandelt, nicht mit seinen Preziosen glänzt und sein Bargeld nicht jedermann unter die Augen reibt gibt es in keiner Ecke der Welt, die ich bisher bereist habe Probleme, auch wenn in jedem Reiseführer regelmäßig vor den bösen „Eingeborenen" gewarnt wird. Klar, ich bin auch schon übers Ohr gehauen worden und man hat mich auch schon beklaut, aber überfallen wurde ich nur einmal und das war in Deutschland! Am nächsten morgen, nach dem Frühstück im Dachrestaurant unseres Hotels (14. Stock, direkt über dem 12.?) mit Aussicht auf die Copacabana, telefoniere ich mit der Iberia und rückbestätige unseren morgigen Heimflug. Die Dame am anderen Ende der Leitung lacht während des gesamten Gesprächs, Ihr englisch ist etwas holprig, ich habe wie immer beim Rückbestätigen von Flügen, ein etwas mulmiges Gefühl, man bekommt ja keine Quittung oder so etwas, um nachweisen zu können, das man seine Pflicht und Schuldigkeit in Bezug auf den Heimflug getan hat. Was soll es, wir werden uns Heute noch ein wenig in der Stadt umsehen und Morgen der Heimat zuschweben.
Schon am frühen Morgen nehmen wir die recht steile Kabelbahn auf den Jesusberg, den Corcovado. Die graue Specksteinstatue verliert an Faszination, wenn man Sie von nahem sieht. Groß, 36 Meter hoch, 23 Meter Spannweite der ausgestreckten Arme, schon beeindruckend, aber eben aus Grau. Ich kann mir nicht helfen: Für mich wirkt die Statue wie aus Beton! Neun Jahre hat man an Ihr gebaut, als Sie im Jahre 1931 endlich fertig war. Im Sockel eine kleine, verschlossene Kapelle, Johannes Paul war schon da steht auf einer Tafel, aber der war ja schon Überall! Fast zwanzig Minuten braucht die Zahnradbahn für die 3,5 Kilometer lange Strecke. Vorbei an den Villen und Parks der Reichen, aber auch weniger betuchte haben am Hang ihre Häuschen gebaut. Interessant für Fußballfans: Das Maracana Stadion von oben. Außerhalb eines Hubschraubers ist hier der beste Aussichtspunkt über die Stadt, die ihren Beinamen: *Citade maravilhosa*, die

wundervolle Stadt zu recht trägt, solange man nicht zu sehr an der Oberfläche kratzt!

Wir kurven noch etwas durch die Stadt, vorbei am Karneval-Stadion, leider zur falschen Zeit: Nix los! Wie versprochen Abendessen wieder im „Haltestellen Restaurant", zurück ins Hotel und Blick auf die Tickets, Abflugzeit für Morgen erkunden – Morgen? Wir hätten früher auf das Datum schauen sollen! Jetzt verstehe ich auch das Gekicher meiner Gesprächspartnerin von heute früh! Wir sollten genau jetzt in der Luft sein, ich glaube, wir haben da ein kleineres Problem! Also noch mal bei der Airlines anrufen: Wir sollen Morgen in deren Büro vorstellig werden, zwecks Umbuchung. Der Tag ist jedenfalls gelaufen, die Stimmung etwas gedrückt!

Wir sind dann recht früh im Airlines Büro, man lässt uns etwas schmoren, immerhin findet man einen Angestellten, der leidlich des englischen mächtig ist. Man ruft für uns in Düsseldorf bei der Swissair an, die Leute machen den Bürokram für die Iberia in Deutschland, für Europa ist es schon etwas spät und so kann da keiner mehr Entscheidungen treffen! Von so etwas wie „No shown" hat man noch nie etwas gehört, andere Airlines verlangen in so einem Fall eine Umbuchungsgebühr von etwa 100 Dollar. Ich möchte nur zwei One Way Tickets nach Hause: 1200€ pro Person! Hin und zurück kostet das Ganze dann 600€! Weil nur ein Weg ja auch die Fluggesellschaft mehr kostet erklärt man uns, ganz einleuchten tut mir die Sache eigentlich nicht. Wir versuchen, zu erklären, dass wir ja für unser Nichterscheinen eine Strafe bezahlen würden, Strafe kostet so etwas nicht, erklärt man uns, wir wären ja Gäste. Nur den kompletten Flug müssten wir bezahlen. Toll! Schlussendlich willigen wir ein, wir werden dann halt in Europa versuchen, wenigstens einen Teil der Kosten zurück zu bekommen.

Die Nacht verbringen wir im Ambassador Hotel, hält nicht, was der hochtrabende Name verspricht, eher etwas abgewohnt, aber preisgünstig und in der Nähe des Flughafens!

Am nächsten Tag klappt es dann mit unserem etwas verspäteten Heimflug, selbst den Anschlussflug ab Madrid erreichen wir problemlos (Auf dem Hinflug hat man uns für einige Stunden durch die komplette Stadt zu einem Hotel gekarrt, weil sich der Flug nach Rio um etliche Stunden verspätet hatte!), wir sind im Besitz von zwei nicht übertragbaren Flugtickets nach Rio de Janeiro. (Raffinierte Kiste, wir können die Dinger weder gebrauchen, noch verscherbeln. Bei unserem, für die Fluglinie voraussehbaren, Nichterscheinen und können die Dinger dann wieder als One Way Tickets für ein Heidengeld weiterverkauft werden!) Müßig, zu erzählen, dass sich die Fluggesellschaft beharrlich weigert, einen Teil der Kosten zu übernehmen. Nach mehreren Anschreiben versteht man plötzlich nur noch spanisch! Gut, es war unsere eigene Schussligkeit, aber die feine spanische Art ist das auch nicht!

Wandern kann anstrengend sein!

Es sind nur ein paar winzige Zentimeter auf meiner Karte – aber Die ist für Autofahrer – ich bin nun Mal im Lande der motorisierten Untersätze! Mit dem Bus bin ich kreuz und quer durch Kalifornien, jetzt befinde ich in Orik, am Rande der Redwoods, einem Wald aus Mammutbäumen mit bis zu über 100 Metern Höhe, diese Gegend will ich per Pedes erkunden, solange mich die Füße tragen, zur Not wird es unterwegs wohl Bushaltestellen geben, auch wenn auf den nächsten Dreißig Meilen laut Karte keine Ortschaft auftaucht. Und dann habe ich ja noch einen recht geübten Daumen – Autos fahren ja nun wirklich genügend in diesem Land herum! Ich bin ausgeschlafen und habe das beste Frühstück genossen seit ich in den Staaten bin- so mit Bratkartoffeln, Rührei, Speck und dem obligatorischen Hamburger – das Wetter ist toll, beste Voraussetzungen also für eine kleine Wanderung durch den Wald der Riesen! Neun Uhr und Fünf Minuten zeigt meine Uhr als ich meinen Spaziergang starte, eine Stunde laufe ich die Strasse entlang, schnurgerade Richtung Osten, langweilig, noch nicht einmal ein Auto überholt mich, also ab in einen Seitenweg „Costal Trail" heißt der Trampelpfad und folgerichtig führt er mich an die Pazifik Küste. Ein Reh kreuzt meinen Weg, langsam, immer auf Abstand bedacht, aber keineswegs scheu – Menschen laufen selten durch diese Wälder und jagen ist verboten! Nach einem etwas beschwerlichen Abstieg über einen Steilhang habe ich den Strand für mich alleine, soweit das Auge reicht. Wenn man von den Vögeln und dem Elchrudel absieht natürlich! Bei letzteren achte ich dann auf Abstand! Ich würde mich ja gerne in die Fluten stürzen, aber das Wasser hat die Temperatur von flüssigem Eis! Ich bin halt etwas empfindlich. Eine Stunde stapfe ich durch den Sand, an den Felsen im seichten Uferbereich des Meeres kleben grüne Anemonen und blaue Seesterne,(Tauchen muss schön sein, aber nur im beheizbaren Trockentauchanzug!) dann wird mir der nasse Sand zu anstrengend und ich mache mich wieder auf den Weg zur Strasse, zur Zivilisation! Ich bin anscheinend der einzige Wanderer in diesem verwunschenen Wald, in dem man hinter jeder Biegung Big Foot oder etwas Ähnliches erwartet, Flechten hängen von den Riesenbäumen, alle paar Meter ist kraxeln angesagt, weil mal wieder ein umgestürzter Baum das Weiterkommen erschwert, der Boden ist nass und schwer, meine Schuhe sind leider nicht wasserdicht und mit nassen Füssen läuft es sich nicht besonders angenehm! An der Strasse geht es dann wieder leichter, meine Schuhe sind schwer wie Blei, ab und an kommt ein Auto vorbei. Trampen ist im Lande der Automobile nicht üblich, man macht einen Bogen um mich. „Heh! Ich kann nicht mehr!“ Gegen Fünfzehn Uhr erreiche ich die Autobahn. Also: Umweg machen – Wanderwege, oder „Trials“, wie diese vor Ort genannt werden gibt es genügend, aber: Wohin führen Die? Immer mit der Sonne im Rücken und dem Ozean an der linken Seite sollte ich in die richtige Richtung laufen!? Wenn ich denn eines von Beiden sehen könnte. Mein Vorrat an Trockenfleisch und Wasser neigt sich dem Ende zu, Häuser habe ich noch keine gesehen, Rastplätze oder Unterstände scheint es auch nicht zu geben, also weiter! Pausen kann ich mir nicht leisten! Gegen Siebzehn Uhr geht die Sonne unter und dann möchte ich aus dem Wald heraus sein! 18.30 Uhr: Ich sitze unter einer Straßenlaterne am Freeway, seit anderthalb Stunden das erste Licht, sehr angenehm, es gibt was Schöneres, als im Dunkeln durch diesen Wald zu laufen und bei jedem Geräusch an Schwarzbären zu denken – ich bezweifle etwas, dass mein Taschenmesser mir bei einer Begegnung sehr viel nützt! Jedes Spiel der Schatten, jedes knacken im Dickicht inspiriert meine Phantasie. Fehlt nur noch, dass ich anfange zu singen. 7 Meilen trennen mich noch von Klamath, der nächsten Ansiedlung. „Pedestrian prohibeted" warnt das Schild. Wenn die Polizei mich aufgreifen sollte komme ich wenigstens ins Warme, mittlerweile fühlen sich meine Füße an wie Fremdkörper, mein Rücken schmerzt, der Rucksack wird immer schwerer, ich friere und habe keine Lust mehr auf wandern! Es kommt kein Sheriff, es kommt noch nicht einmal ein Auto – ob wieder eine Oelkriese herrscht und ich hab´ das nicht mitgekriegt? Dafür erreiche ich eine Abfahrt, laut meiner Karte sollte es an dieser Stelle eine Brücke geben – sollte! Stattdessen befindet sich an der bezeichneten Stelle eine Aussichtplattform, heißt „Baer Bridge", die wollen mich ärgern! Zum schwimmen ist mir der Fluss zu breit! Auf der anderen Straßenseite ist ein Campingplatz, leider zurzeit unbewohnt, aber es gibt Licht. Erst mal ein paar Minuten verschnaufen – Fehler! Danach geht es sich noch schlechter. Ich erschrecke einen Skunk und das Stinktier macht seinem Namen alle Ehre gut, dass es nicht besonders gut zielen kann, jedenfalls geht die Ladung Haarscharf an mir vorbei. In der Ferne sehe ich wieder Lichter und Die ziehen mich im Moment an wie die Motten! Gegen 20.00 Uhr finde ich das erste bewohnte Haus seit meinem Start vor nunmehr Elf Stunden. Hoffentlich haben die Bewohner ein Telefon und können mir ein Taxi rufen. Ich ernte erstaunte Blicke, als ich meine Bitte äußere, aber Taxen gäbe es leider nicht. Erst, als ich meinen Ausgangsort nenne erbarmt sich ein netter Mitmensch und fährt mich nach Klamath, in „Jacks Motel" soll ich die Nacht verbringen. Im Pickup geht es über die weit entfernte Autobahnbrücke (Fahrer, Schäferhund und ich teilen uns die Vordersitze) vorbei an meinem „Skunk – Platz" (Man riecht es noch durch die geschlossenen Scheiben!) Jack´s Motel erinnert mich an „Psycho", fehlt nur noch die imaginäre Mutter, das nächste Restaurant ist sechs Blocks entfernt, jeder Block eine kleine Weltreise (Mir kommt es im Moment jedenfalls so vor!) und die müsste ich per Pedes bewältigen – es gibt Schokoriegel aus dem Automaten! Mein Rucksack liegt unbewacht auf dem Boden, während ich mich eingeschrieben habe muss jemand das Ding mit Blei ausgegossen haben! Mein Vermieter versteht mein Problem auch ohne Worte, trägt mein Gepäck ins Zimmer, lässt mir ein Bad ein und bringt mir eine Kanne heißen Kaffee. Ich scheine leidend auszusehen! Meine Füße haben die Form von Quallen, jeder Knochen im Leib tut mir weh, ich brauche einen vollen Tag, bevor ich wieder in einen Bus steigen kann! 35 Minuten nach der Abfahrt passieren wir das Hotel in Orik, dem

Ausgangspunkt meiner kleinen Wanderung, schneller als auf dem Hinweg, aber nicht so spannend. Beim nächsten Mal besorg ich mir vorher eine Karte mit vernünftigem Maßstab!

Mammutbaum, (Sequoia), Nadelgehölz, kann bis zu 120 Meter hoch und 4000 Jahre alt werden, somit die größten und wahrscheinlich auch eines der langlebigsten noch immer existierenden Einzelwesen, früher hat man Sie des Holzes wegen geschlagen, heute stehen Sie, Gott sei Dank, unter Naturschutz, was die Amerikaner selbstverständlich nicht davon abhält, einzelne Exemplare an der Basis mit einer Art Tunnel zu versehen, um mit dem Auto hindurchfahren zu können. Hauptsache Sensation!

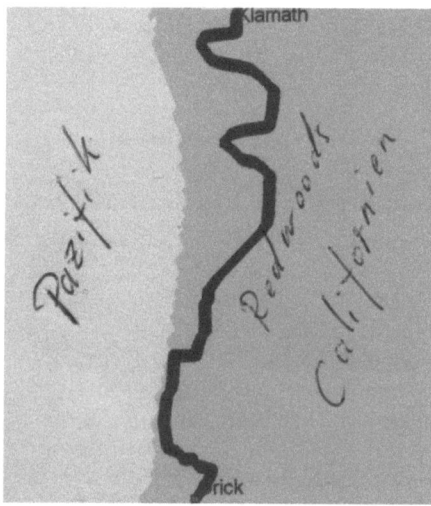

Etliche Kilometer ohne menschliche Ansiedlungen zeigt der Kartenausschnitt, ohne Maßstab ist die wahre Entfernung nicht zu ahnen. Motorisiert kaum der Rede wert. Zu Fuß sieht das schon Anders aus! Dann sind die etwa 50 km doch recht weit!

Kleine Anekdote am Busbahnhof

Es sollte eine Reise mit Leihwagen werden, aber ohne Kreditkarte läuft da in den Staaten gar nichts! Alternative: Dauerticket für den „Greyhound"!

Vorteil: Bei den hierzulande herrschenden, recht strengen Geschwindigkeitsbeschränkungen kommt man schneller ans Ziel. Die Busse sind nie voll und man kommt mit Leuten ins Gespräch. Bei Fahrten über Nacht spart man sich sogar noch die Motel – Kosten. Wenn man dann aber wieder in einem Bett schlafen möchte erntet man schon mal irritierte Blicke der Hoteliers, ob der Ermangelung des obligatorischen Automobils.

Nachteil: Die Mittagspausen finden grundsätzlich auf den Parkplätzen vor den riesigen Supermärkten statt: „At a nice Little Mc. Donald´s / Wimpys / Burger King etc. Restaurant. Man lernt, Junk Food zu hassen!

Mit einem Leihwagen wäre mir auch das folgende denkwürdige Erlebnis entgangen:

Die Busbahnhöfe in den Staaten sind etwas anders konzipiert, als man es aus Europa kennt. Man verlässt den Wartebereich durch ein Gate, wie es auch auf Flughäfen üblich ist, nach Aufruf der Reise. Das ist auch diesmal so, allerdings geht es nicht sofort los, der Motor läuft, alle Passagiere sind an Bord, aber der Fahrer scheint auf etwas zu warten, auf was sollen wir sofort erfahren: Zwei Sheriff Wagen fahren vor, wie man Sie aus diversen Filmen kennt, so mit Stern auf der Türe und diesen Vorfeldbeleuchtungen auf dem Dach. Mit quietschenden Reifen kommen die Wagen vor dem Bus zum stehen, aus dem Ersten springen zwei Deputies mit gezückten, großkalibrigen Waffen. Aus dem Zweiten zwängt sich ein etwas übergewichtiger Sheriff, öffnet den hinteren Verschlag und heraus kommt, von den beiden Hilfssheriffs argwöhnisch bewacht, ein Mann, gefesselt mit Hand- und Fußschellen, welche mittels einer Kette verbunden sind. Eindeutig ein schwerer Junge. Der Delinquent wird zum Bus geführt – dauert seine Zeit, die Fußfesseln hindern Ihn am zügigen gehen. Er klettert, mit Mühe, die drei Stufen ins Fahrgastabteil, immer noch im Angesicht der auf Ihn angelegten Waffen. Der Oberpolizist schließt die Fesselung auf, der arme Tropf nimmt Platz, das Bewachungskommando besteigt seine Fahrzeuge und entschwindet. Wir fahren ab.

Versteh´ einer die Amis. Wir schreiben das Jahr 1992, Bill Clinton ist soeben zum neuen Präsidenten der USA gewählt.

Wo wir gerade bei Anekdoten sind: Annaheim, Kalifornien, Heimat der Disney World. Ich bin gerade angekommen und habe ein Zimmer in einem Motel bezogen, Hunger macht sich breit, ich betrete ein Restaurant, kein Fast Food, richtiges Essen! Gähnende Leere empfängt mich, ich suche mir einen Platz am Fenster, das Rauchen ist erlaubt, ich drehe mir also eine Zigarette und harre der Dinge, die da kommen sollen.

Eine Kellnerin kommt an meinen Tisch, empörte Mine, wer mich denn an diesen Tisch gebracht hätte möchte Sie wissen. Niemand antworte ich wahrheitsgemäß, es war bis eben ja auch niemand im Lokal. Ob ich denn das Schild am Eingang nicht bemerkt hätte möchte die Dame wissen: „Wait, you will be seated" stünde da. Doch, doch, habe ich gelesen, aber da der Raum so leer ist und außerdem niemand hinter dem Schild auf mich gewartet hat habe ich mir die Freiheit genommen, mir Höchstselbst einen Platz zuzuweisen, gestehe ich kleinmütig. Ich muss der Kellnerin folgen, eine nette Platzanweiserin steht parat, eben war Sie noch nicht da, nun erfüllt Sie Ihren Job:

„Wo möchten Sie gerne sitzen?"

„Am liebsten da, wo meine Zigarette vor sich hinqualmt!"

„Selbstverständlich, nehmen Sie bitte Platz"

„Danke."
Noch Fragen?

Amerikanische Kochrezepte gibt es wahrscheinlich, das einzige, was man auf einer reinen Bustour kennen lernt ist frecherweise nach einer deutschen Hansestadt benannt. Rezept für Junk Food Fans:

Zutaten pro Portion:
> *1 amerikanisches Brötchen (Weich, geschmacklos)*
> *1 UFO (Unidentifizierbares Fleischähnliches Objekt)*
> *1 Scheibe grellorangen Käse, Geschmacksrichtung: Künstlich*
> *1 Salatblatt, Zwiebelscheiben, Gurkenscheiben*
> *Verschiedenfarbige amerikanische Soßen.(Meine Geschmacksknospen sind evolutionsbedingt leider nicht in der Lage, die feinen Unterschiede festzustellen)*

Zubereitung:
Das Brötchen leicht antoasten, damit man es leichter vom Pappteller unterscheiden kann und das Fett nicht auf die Kleidung tropft, den Fleischklops auf einem Grillrost anbraten, je nach Geschmack, von halb roh bis schwarz, sofort Fett-triefend auf die untere Hälfte des Brötchens legen, mit dem Käse und der Gemüsebeilage bedecken, anschließend das Ganze in den Soßen ertränken und mit der verbliebenen Hälfte des Gebäcks bedecken.
Um das Gericht stilgerecht zu verzehren muss man Es so lange in Papier eingewickelt lagern, bis Alles schön lauwarm und labberig ist. Dazu passen Pommes Frites, oder „French Fries", wie man sie in den Staaten nennt und diese braune Zuckerbrause, vorzugsweise die „Light" Version, man muss ja auf die Kalorien achten!
Am meisten ärgern mich dabei die völlig überzogenen Preise, man braucht eine ganze Menge, um satt zu werden.

22

Leihwagen auf Madeira oder: 3,6 Promille als Beifahrer und Stocknüchtern?

Mal was Anderes – Pauschalurlaub incl. Leihwagen, na gut, man ist für den Transport vom und zum Flughafen selbst verantwortlich, aber dafür ist man viel selbständiger. Auf der portugiesischen Insel Madeira ist Alles etwas enger als auf dem Festland – und etwas steiler! (Mit Ausnahme der Autobahn, hier hat die EU ganz schön zugebuttert, ein Tunnel nach dem Anderen!) Manchmal geht es derart steil bergan, dass das anfahren am Hang den Motor hoffnungslos überfordert, dann hilft nur noch rückwärts runterrollen und mit Anlauf wieder rauf! Mit dem ersten Leihwagen sind wir dann einige Hundert Kilometer über die Insel gekreuzt, bevor uns das Vehikel schmählichst im Stich lässt! Wir wollen nur ein Foto schießen und stellen den Wagen auf einer Bergkuppe ab. Als wir weiterfahren wollen springt das Biest doch glatt nicht mehr an – keine Zündung mehr! „Selbst ist der Mann" denke ich, zumal wir recht weit entfernt vom nächsten Ort sind und es auch schon anfängt zu dämmern. Kann ja nur eine Sicherung sein, den Kasten finde ich in der Fahrgastzelle – Mist: Alle Sicherungen tadellos in Ordnung. Dann bleibt nur noch ein lockeres Kabel im Motorraum. Hat man ja schon in der Fahrschule gelernt: An dem Hebel ziehen und die Klappe geht auf! Gesagt, getan, bloß: Der Zentimeter reicht nicht! Da ist noch dieser blöde Hebel, der verhindern soll, dass die Motorhaube während der Fahrt aufgeht. Und wie finde ich den nun? Ich bemühe mich bis es Stockdunkel ist – nix! Zwischenzeitlich hält ein Einheimischer Mitmensch an, er meint, so einen Wagen hätte er auch mal sein Eigen genannt und der Hebel wäre…ja wo denn nun? Da, wo er sein sollte jedenfalls nicht! Gott sei Dank haben sich die Handys auch bis hierhin verbreitet und so ruft unser Helfer beim Autovermieter an, der kommt dann auch prompt ca. 3 Stunden später! Motorhaube an Motorhaube stehen die beiden Fahrzeuge dann gegenüber – Seine ist auch schon auf! Selbst mit einem Brecheisen kommt der Mechaniker nicht weiter – ich fühle mich etwas besser! Es hätte mich denn doch gewurmt, wenn der Mechaniker die Haube mit einem Handgriff aufbekommen hätte, man hat ja auch seinen Stolz! Nach einer halben Stunde tauschen wir die Wagen. Er wird von seinem Chef abgeholt, wir setzen unseren Weg mit einem zuverlässigeren Fahrzeug fort. Ankunft im Hotel halt etwas später als geplant. Gut, dass wir sowieso nur Frühstück gebucht hatten! Jetzt haben wir ein etwas kräftigeres Auto, für die ganz brutalen Steigungen allerdings immer noch recht untermotorisiert!

Aber es klappt zunächst Alles. Bis wir in der Hauptstadt Funchal unversehens in einen Stau geraten! Wie schon gesagt: außerhalb der Autobahnen herrscht Enge, besonders in den größeren Ansiedlungen! Stop and Go ist angesagt! Stoßstange an Stoßstange versuchen sich die Autos durch die Stadt zu zwängen, das hält den Fahrer vor uns mit Nichten davon ab, rückwärts einzuparken! Aber da steht ja noch unser Wagen! Hupen! Zu spät! Leichte Beule am Kotflügel, nicht der Rede wert. Leider sind wir laut Vertrag verpflichtet, auch bei Bagatell - Unfällen die Polizei hinzu zu ziehen. Für die Versicherung. Das Ding hat Vollkasko, ohne Selbstbeteiligung, mir kann also wenig passieren. Leider gilt auch für die Ordnungshüter: Stau! Es dauert also geschlagene 2 Stunden, bis die Leute vor Ort sind. Wir fahren die Autos an den Straßenrand, um nicht für ein völliges Chaos verantwortlich zu sein und warten halt. Man nimmt den Unfall auf, die Lage ist klar, obwohl der „Gegner" der portugiesischen Sprache mächtig ist wird er zum Schuldigen erklärt. Soweit, so gut. Jetzt der obligatorische Alkotest! Ich 0,0 Promille (Wusste ich vorher!) Unfallgegner 0,0 Promille. Marion möchte auch mal pusten, wann kommt man schon mal in den Genuss? Egal, dass man nur Beifahrer ist. 1,8 Promille zeigt das Gerät (Muss man verdoppeln, keine Ahnung, warum) Dem Polizisten bleibt der Mund offen stehen , er möchte eine Wiederholung, immerhin hat sein Gerät ja vorher einwandfrei funktioniert und jetzt soll die Frau, die die ganze Zeit so nüchtern gewirkt hat, plötzlich volltrunken sein?

Man kann mit ein wenig Asthmaspray auch einen altgedienten Ordnungshüter noch ins grübeln bringen.

Besonderheit Insel Madeira: Ich habe noch nie einen derartigen Unterschied des Wetters innerhalb von nur 15 Kilometern Luftlinie erlebt (Sieht man einmal vom Hochgebirge ab.) Während es an unserem Wohnort, Sao Vincente an der Nordseite stürmt, das man seine liebe Mühe hat, auf den Beinen zu bleiben und der Regen in Kübeln vom Himmel strömt, scheint in Funchal (Südseite) die Sonne, 20° Temperaturunterschied! 2 Wochen lang ging das so.

Espada com Banana

Espada, zu deutsch: Schwarzer Degenfisch, laut den Einheimischen kommt er nur an der Küste Madeiras vor, stimmt so nicht ganz, aber vor Madeira wird er in großen Mengen gefangen, mit langen Leinen, Nachts, denn dann kommt er näher an die Oberfläche. Während das Einholens verliert der Fisch infolge der hohen Druckdifferenz sein Leben und die schöne, kupferschillernde Farbe schlägt ins Schwarze um.

Unter dieser schwarzen Haut verbirgt sich das reinweiße, zarte Fleisch.

Der Espada wird in allen erdenklichen Arten zubereitet, angeblich gibt es 365 verschiedene Rezepte, für jeden Tag des Jahres Eines, sogar beim Chinesen in Funchal steht der Fisch auf der Speisenkarte, süßsauer, auf Peking Art!

Das „Urrezept" nun hier:

Zutaten für vier Personen·

     1 Kg Espada ohne Kopf (Sowieso äußerst hasslich!)
     500 g Tomaten
     250 g Zwiebeln
     1 ganze Knoblauchknolle
     Salz, Pfeffer, Lorbeerblätter
     4 Bananen (Nicht zu reif!)

Zubereitung:

Tomaten, Zwiebeln und Knoblauch schälen und zerkleinern, den Fisch waschen und in Vier gleichgroße Stücke teilen, das Ganze mit den Lorbeerblättern etwa 40 Minuten in einem Topf dünsten, Salz und Pfeffer nach belieben, die Bananen mit der Schale über offenem Feuer einige Minuten von beiden Seiten grillen, fertig ist das traditionelle Madeirische Espada Gericht.

Von Panama City nach Bogota

Reise mit leichten Hindernissen.

Wir waren ja schon weit gekommen auf unserer Reise durch Mittelamerika, immerhin von Mexiko- bis Panama City, und das ohne die geringsten Schwierigkeiten! So Problemlos hatten wir uns den Trip gar nicht vorgestellt: Mexiko, Belize, Guatemala, San Salvador, Honduras, Nicaragua, Costa Rica; Grenzübertritte wie in Europa! Öffentlicher Nah- und Fernverkehr funktioniert reibungslos. Dazu kommt noch geradezu unverschämtes Glück: Wenn es anfängt zu regnen (Es ist Regenzeit!) sitzen wir garantiert im Trockenen, sollte unser Bus Verspätung haben wartet die Anschlussverbindung am nächsten Terminal und so weiter! „Wenn Engel reisen" Unangenehm sind nur die, häufig eingesetzten, amerikanischen Schulbusse, die Dinger sind für Kinder konzipiert, wenn ich meine 1,86 Meter da hinein gefaltet habe, fällt wenige Stunden später das Aussteigen recht schwer!

Nur einmal fühlen wir uns etwas unbehaglich: Unser Bus wird in der Nähe von Nicaragua von Soldaten angehalten, man ist auf der Suche nach illegalen Einwanderern. Die sechs Reisenden müssen sich mit erhobenen Händen breitbeinig an den Bus stellen, für jeden hat man einen viel zu kleinen Soldaten mit einem viel zu großen Gewehr abkommandiert. Wenn jetzt auch noch laute Befehle ertönen werde ich nervös! Man kontrolliert unsere Ausweise: Visa in Ordnung. Wir dürfen weiter. Puh!

Das Ganze klappt bisher schon fast zu gut, und jetzt haben wir auch noch einen Flug an die kolumbianische Grenze mit Aero-Taxi gebucht! Man kommt am Ende von Panama nicht weiter, auch wenn auf fast allen Landkarten die Panamericana das Darien Gap durchquert existiert in Wirklichkeit keinerlei Straße und die Leute, die sich durch den Dschungel schlagen, mögen es im Normalfall gar nicht, dabei begleitet zu werden. Es gibt erhebliche Schwierigkeiten, in Panama ein Auto einzuführen, die offizielle Begründung Hierfür ist die Angst vor komplett verstopften Strassen, wenn denn alle Wagen im Land belassen werden! Aber ich schweife ab: Der Boss des Reisebüros will uns die Tickets für unseren kurzen Flug sogar ins Hotel bringen, wenn das kein Service ist?

Das „Grand Central Hotel" hatte seine Blütezeit während des Baus des Panama Kanals, Flair hat es auch Heute noch, wenn auch etwas vermodert

Acht Uhr abends: Noch keine Tickets in Sicht, dabei waren die für sechs Uhr avisiert! Wir sind übereingekommen, dass wir Morgen auf jeden Fall zum Flugplatz fahren – in der wagen Hoffnung, die Tickets sind dort hinterlegt. Zuerst brauchen wir allerdings was zwischen die Zähne, mein Magen schleift schon zwischen den Knien! Zum Glück steht an jeder Ecke ein Mitmensch, der sein Geld mit dem Verkauf von Leckereien macht!

Vom Zimmerfenster haben wir eine einmalige Aussicht auf das Innere der Kathedrale. Heute ist der Abschluss eines Siebentägigen Festes zu Ehren des schwarzen Kreuzes von Panama. Alle haben grüne Gewänder an und in der Kirche herrscht eine Stimmung wie bei uns Zuhause nur auf dem Volksfest! Daran sollten sich unsere Kirchenoberen mal ein Beispiel nehmen, hier wird ein Gottesdienst noch echt gefeiert! Ich käme glatt in Versuchung, dem Verein beizutreten!

Zehn Uhr: Silvi kommt ganz aufgeregt in unsere Behausung gestürzt, der Ticketverkäufer hat sich doch noch per Telefon gemeldet – wir werden morgen früh um Fünf von ihm persönlich an der Rezeption abgeholt und zum Flieger kutschiert, das sollte unsere Unruhe der letzten paar Stunden wohl wettmachen. Sämtliche Probleme haben sich – wiedermal- in Wohlgefallen aufgelöst!

Nächster Tag: Ich habe prima geschlafen. Der Weckdienst funktioniert (Natürlich!), wenn auch (Natürlich!) völlig Überflüssigerweise! Meine innere Uhr ist nicht vom Kontinent abhängig!

Sechs Uhr: Unser Kurier ist immer noch nicht da, der Bursche wollte schon vor einer geschlagenen Stunde vor Ort sein, als Draufgabe gießt es auch noch in Strömen! Der Tag fängt ja Klasse an!

Sechs Uhr Dreißig: Wir sitzen im Auto Richtung Flugplatz, eigentlich sollten wir schon eingecheckt sein, aber der Reisebüromensch ist unser Chauffeur, was soll da noch schief gehen?

Acht Uhr: Wir sind abgefertigt und wir haben zuviel Gepäck, einwandfrei mittels Kartoffelwaage festgestellt! Gestern beim buchen mussten wir sogar unser Körpergewicht angeben, damit man das passende Flugzeug für uns aussuchen konnte! Und Heute muss ich feststellen: Die haben doch tatsächlich Maschinen unterschiedlichen Kalibers! Allerdings ist im Moment keine einzige startbereit! Ein Flugzeug einer anderen Airline ist schon gestartet, allerdings in eine andere Richtung, wir müssen uns noch ein wenig in Geduld üben!

Irgendwann sitzen wir denn doch recht komfortabel im Flieger, neben mir sitzt mein Rucksack, auf dem Platz des Copiloten ein ganz normaler Passagier: Lass die Finger weg von den Knöpfen! Blöd ist nur: Das Flugdings ist undicht, man hat uns zwar bei diesem Sauwetter mit Schirmen zur Türe begleitet, aber kaum, dass die Maschine anruckt bin ich pitschnass! Wenn dat man jut jeht!?

Es geht nicht ganz so gut, wie wir uns das gedacht hatten – der Funk klappt nicht! Auf die Art kriegen wir einen Gratisrundflug über Panama City – ist doch auch schon was!

Also wieder landen und neue Maschine suchen, die Passagiere beschließen, erst mal ein ausgiebiges Frühstück zu sich zu nehmen, auch wenn der Pilot drängelt!

Im nächsten Flieger ist dann alles in bester Ordnung, jedenfalls ist das Ding dicht und das Funkgerät funktioniert, außerdem herrscht wieder Sonnenschein!

Der Flug geht quer über das Darien Gap, man sieht nur Wald und Meer, links den Atlantik, rechts den Pazifik, das gibt es nur an diesem, speziellen Ort! Unter uns spiegelt sich das Flugzeug in den Nebelschleiern, umringt von einem Regenbogen. Toller Flug! Sollte die Trans Amerikana wider Erwarten doch mal ohne Unterbrechung über den Kontinent führen bleibt vielen Low Budget Travellern dieser Anblick verborgen! Schade!

Dann sind wir über der Atlantik Küste, die Dörfer sind in die Lagunen gebaut, auf Pfählen im Wasser! Leider reicht unsere Zeit nicht aus, diese Ortschaften zu besuchen, man müsste mehr bezahlten Urlaub haben, ich denke, so um die elf Monate im Jahr wären ganz in Ordnung!

Die Landung auf der, aus der Luft recht kurz erscheinenden Dschungelpiste, verläuft reibungslos, viel zu früh sind wir am Ziel, ich hätte noch ein paar Stündchen weiter mitfliegen mögen! Ich hatte ja auch die ganze letzte Reihe (Alle zwei Plätze!) für mich alleine, mein Rucksack war diesmal im Gepäckraum!

Die Umgebung der Landebahn wimmelt von Bewaffneten, unser Gepäck verschwindet auf unerklärliche Weise und die Pässe werden konfisziert ... also erst mal `n anständigen Kaffee trinken! So ungefähr eine halbe Stunde später ist die Welt dann wieder vollkommen in Ordnung. Allerdings hat man uns sehr eindringlich und von allen Seiten davor gewarnt, die Grenze nach Kolumbien Zu Fuß zu überqueren. Wir haben uns so eine Art „Vorläufiges Visa" besorgt Müssen uns aber noch innerhalb eines Monats bei der „DAS" einen Stempel besorgen!? Die Ausreiseformalitäten sind nicht der Rede wert. Weil man uns derart vehement davor gewarnt hat, zu wandern nehmen wir für die nächste Teilstrecke ein Boot und gehen innerhalb kürzester Zeit in Kolumbien wieder an Land. Direkt am Anlegesteg befindet sich ein Restaurant, Zoll oder eine Wechselstube suchen wir vergeblich, man akzeptiert amerikanische Dollar. Also erst mal Fisch essen, immerhin sind wir in der Karibik! Anschließend müssen wir denn doch noch auf einen Trail durch den Regenwald. Anderthalb Stunden geht es bergauf- und ab über recht rutschigen Untergrund. Meine Machete kommt ein paar Mal zum Einsatz, es scheint sich nicht um einen sehr frequentierten Weg durch den Dschungel zu handeln. Am Schluss landen wir auf einer Wiese voller Schweine – Wir fallen nicht weiter auf! Erst, als wir im Dorf ankommen, ernten wir ein paar verwunderte Blicke. Trotz unseres, gelinde gesagt, etwas ungepflegten Aussehens, haben wir keine Schwierigkeiten ein Dreibettzimmer direkt am Strand zu ergattern. Sogar inklusive Dusche. Die ist denn auch sehr willkommen!
In diesem Kaff gibt es leider kein anständiges Essen und keine kalten Getränke, letzteres in Ermangelung von elektrischer Energie. Aber egal: Morgen früh geht es sowieso weiter. Selbst das Bier ist ungenießbar und dazu auch noch unverschämt teuer. Morgen Mittag legt das Power-Boot nach Turbo ab. Wir werden an Bord sein. Es ist kaum noch Bargeld im Portmonee, wir brauchen eine Bank!
Der Ort ist an Drei Seiten von dichtem Dschungel umgeben, die Vierte Grenze bildet das Karibische Meer, das erklärt zwar die happigen Preise, nicht aber die gähnende Langeweile. Dafür hat man die weiten Kiesstrände für sich allein. Auch schön! Im Ort sind in regelmäßigen Abständen Unterstände mit Schießscharten für die allgegenwärtigen Uniformierten (Zoll, Polizei, Militär?) aufgebaut. Soll wohl ein Gefühl der Sicherheit vermitteln, wirkt auf uns eher etwas befremdlich. Wie im Mittelalter, Angst vor Piraten? Sei dem, wie dem Wolle, wir begeben uns recht früh in

die Heia. Schon um sechs Uhr am nächsten Morgen ist für mich die Nachtruhe beendet, vor dem Fenster rumort es. Also muss ich erkunden, was denn los ist. Silvi und Loui liegen noch in Morpheus Armen, ich bin der einzig Neugierige in unserer „Reisegruppe". Auf die Art sitze ich nun auf einem Baumstamm inmitten der auf den schwarzen Kies der Karibik gezogenen Fischerboote und bestaune das Leichtern eines Frachtschiffes, bei dessen Anblick mir spontan das Wort „Seelenverkäufer" einfällt.

Die leichteren Güter werden in ein Ruderboot umgeladen, zum Strand gebracht und dort von Trägern in Empfang genommen, Sperriges wird einfach über Bord geworfen, sofern Sie schwimmfähig sind zumindest. Die Matrosen springen hinterher und bugsieren das Ganze an Land. Eine Knochenarbeit! Sobald das Ufer erreicht ist wird das Frachtgut über den weichen Kies geschleppt und auf wartende Pferdefuhrwerke verladen. Vier volle Kästen Cola auf einmal stellen die Träger nicht vor ernsthafte Probleme. Die Ventile diverser Gasflaschen sind allesamt vereist, ein sicheres Zeichen dafür, dass Sie nicht besonders dicht schließen, die Spundlöcher der Petroleumfässer sind mit Klarsichtfolie „verschlossen". Umweltschutz? Fehlanzeige!

In der Nähe der obligatorischen Landepiste finde ich dann sogar eine Bäckerei mit Kaffeeausschank. Löslicher Kaffee natürlich. Überall auf der Tour fährt man an riesigen Kaffeeplantagen vorbei, aber die Leute trinken nur diese Plörre! Nur einmal auf dem Trip kamen wir in den Genuss echten Filterkaffees, so durch ein Teesieb direkt in die Tasse, man hatte ein Gestell, in welches man das Sieb einhängen musste und bestimmte die Stärke des Getränkes selbst, toll!

Während meines Frühstücks finden sich denn auch meine Zimmergenossen ein. Silvi will unbedingt mit dem „Frachtschiff" weiter nach Venezuela, ganz schön verwegen das Mädel! Loui und ich werden uns, wie schon erwähnt, mit dem Power Boot in Richtung Turbo aufmachen.

Heute Vormittag ist also die letzte Gelegenheit, gemeinsam in der Karibischen See zu baden, wir nutzen dieselbe ausgiebigst!

Mittlerweile ist es zwölf Uhr Mittags, das Badevergnügen liegt hinter uns und wir sitzen am Kai, essen eine Kleinigkeit und warten auf das Boot. Silvi ist in Ihre Verhandlungen mit dem Frachtschiffkapitän verstrickt, es haben sich mittlerweile noch zwei Französinnen eingestellt, was den Preis in die Höhe schnellen lässt! Unsere resolute Begleiterin ist mit der Entwicklung so gar nicht einverstanden! Ich an Ihrer Stelle wäre ganz glücklich über die weibliche Verstärkung. Neun Männer und nur eine Frau, eine Woche auf einem engen Boot, ich stell' mir das etwas Problembehaftet vor!

Wie dem auch sei: Loui und ich müssen weiter, auf uns wartet in ein paar Tagen schon der Heimflug ab Bogota. Das Boot liegt schon am Pier, der Kapitän hat es eilig und wir müssen so schnell an Bord, dass wir Silvi gerade noch zuwinken können bevor es mit Vollgas losgeht. Schade eigentlich!

Nur Fünf weitere Passagiere sind mit uns auf dem Schiff, dabei ist Platz für Fünfzehn! Platz ohne Ende! Allerdings nur bis zum nächsten Stop, einer echt idyllischen Bucht. Der Anlegeplatz ist eine Landzunge. Am Ufer warten jede Menge Leute, die mit Eselskarren Hierhin kutschiert worden sind und nun von Trägern an Bord gehievt werden. Hätte was romantisches, wenn es nicht so furchtbar eng werden würde! Für meine Begriffe ist das Schiffchen hoffnungslos überfüllt. Das hält unseren Bootsführer selbstverständlich nicht davon ab, seinen Kampf um das „Blaue Band" wieder auf zu nehmen, circa zwei Millimeter trennen das Wasser in den Kurven noch vom Bootsrand.

An jeder Urwaldhütte werden Menschen und Gepäck Ein- bzw. Ausgeladen. Es dauert also seine Zeit, bis wir Kurs auf das offene Meer nehmen. (Ist zwar nur eine Bucht, aber immerhin kann man kein Ufer mehr sehen!)

Nach ca. zwei Stunden Fahrt wird das Erste der zwei Benzinfässer leer. Einhundert Liter saufen die beiden 200 PS starken Motoren also pro Stunde. Loui ist der festen Überzeugung, wir schaffen es nicht bis nach Turbo, immerhin ist er 15 Monate zur See gefahren (Der Bundeswehr sei es gedankt!) Noch vertraue ich darauf, dass der Kapitän die Tour nicht zum Ersten Mal macht und weiß, was er tut!

Noch!

Eine Stunde später finden wir einen Havaristen. Bei dem Holztransporter hat der Motor den Geist aufgegeben. Da man in der Christlichen Seefahrt bei Notfällen wie diesem zu helfen hat, wird der Kahn in Schlepp genommen und in ruhigere Gewässer manövriert. Normalerweise würde das Schiffchen ja mit der Schraube gesteuert, aber die verweigert ja den Dienst! Also setzt sich der Kahn alle Naselang quer, was unsere immerhin 400 Pferdestärken denn doch vor arge Probleme stellt.

Ach so: Loui hat recht, ohne den Havaristen hätten wir den Trip nicht geschafft. Nachdem man endlich eine sichere Ankerstelle gefunden hat wird der Kapitän des Transporters samt dessen

Spritvorräten an Bord genommen und die Fahrt geht zügig weiter. Ohne weitere Zwischenfälle geht es Richtung Ufer. Kaum ist Dieses in Sichtweite, wird die Mannschaft auf einmal hektisch: Wir müssen in aller Eile unsere Schwimmwesten anlegen! Scheint die ganze Fahrt über schon Vorschrift gewesen zu sein nur, dass die meisten Fahrgäste, inklusive mir, die Dinger lieber als Sitzpolster auf den Harten Bänken verwendet hatten. Nun kann man uns von Land aus sehen und die Besatzung besteht nachdrücklich auf Einhaltung der Sicherheitsvorschriften.

Wir fahren in die Mündung eines schlammigen Flusses ein und halten kurz darauf an einer Tankstelle, auch der „Erbeutete" Treibstoff ist fast am Ende!

Der Frachtschiffkapitän und auch einige der normalen Passagiere verlassen uns, wir bleiben dummerweise sitzen. Im Vertrauen darauf, im Hafen unseren Einreisestempel und vielleicht sogar Bargeld zu ergattern. Nach wenigen Metern Weiterfahrt hat sich ein Lastkahn quer über die gesamte Fahrrinne gestellt, der muss erst mal zur Seite geschoben werden, das dauert etwas, aber dann sind wir am Tagesziel!

An Land erwartet uns das Chaos der Stadt, vorbei ist es mit der Beschaulichkeit des Ortes am Urwald! Schuhputzer stürmen auf uns ein – ich trage Stoffsandalen, was natürlich keinen der Männer davon abhält, auch mir seine Dienste anzubieten. Kofferträger, denen ich mehrfach meinen Rucksack entwinden muss und jede menge Händler, die recht lautstark ihre Ware anpreisen, aber leider keine Spur dieses ominösen „DAS" Büros. Wir fragen uns durch und stiefeln schließlich durch die gesamte Stadt und die angrenzenden Slums, ein Steg aus Beton spannt sich über die Lagune, wir waten durch knöcheltiefen Schlamm und laufen an der Strandpromenade vorbei, um schlussendlich vor einer Kaserne zu stehen. Nachdem man einen Übersetzter aufgetrieben hat werden wir auch tatsächlich zum Büro geleitet. Wie sich herausstellt gehört die Tankstelle von vor ein paar Stunden genau zu diesem Stützpunkt! Mit ein wenig mehr Informationen oder Kenntnissen in der Landessprache hätten wir uns den Fußmarsch ersparen können! Wir kriegen anstandslos eine Aufenthaltsgenehmigung über Dreißig Tage in Kolumbien (Soviel brauchen wir doch gar nicht!) und dürfen uns wieder auf den Fußweg in Richtung Stadt machen. Das ganze Procedere in der Kaserne der Anti-Drogen-Polizei hat, inklusive der strammen, militärischen Meldung des Übersetzers an den Stempelmenschen, nicht einmal 10 Minuten in Anspruch genommen.

32

Jetzt also ab in die Stadt, in den Wellblechhütten wird das Abendessen vorbereitet, innerhalb weniger Minuten geht die Sonne unter, so was wie Dämmerung dauert in diesen Breiten nicht lange! Wir müssen uns im Stockdunkeln durch die verwinkelten Gassen des Elendsquartiers tasten. Ein Königreich für eine Taschenlampe! In der Stadt funktioniert dann sogar die Straßenbeleuchtung!

Ein Hotel zu finden erweist sich als die leichteste Übung, nur mit der Bezahlung desselben hapert es ein bisschen: Man akzeptiert keine US Dollar und Traveller Schecks schon gar nicht!

Bei Loui macht sich der Stress der letzten Stunden bemerkbar: Die übrigen Gäste des „Hotel 2000" stehen eingeschüchtert von seiner wütenden Stimme an die Wand gedrückt. Um einem Ernsthaften Streit vorzubeugen gehe ich halt noch mal auf die Straße und tausche auf einem Hinterhof bei einem völlig verdutzt dreinblickenden Mitmenschen US Dollar gegen Kolumbianische Peso. Danach sind, mal wieder, alle Probleme aus der Welt! Die anderen Gäste führen uns sogar noch in ein günstiges Restaurant und wir essen gemeinsam zu Abend. Nach der Mahlzeit nimmt man sich sogar noch die Zeit, uns die ortsansässigen Banken und Reisebüros zu zeigen. Die netten Menschen machen uns mit beredten Geesten klar, dass wir morgen früh um Neun Uhr ein Flugzeug nach Bogota nehmen können, kann also nix mehr schief gehen!

Wir sind derart vom reibungslosen Gelingen unserer Flugpläne überzeugt, dass wir noch in einer Kneipe landen, nur so auf einen Absacker. Schnell sind wir in eine angeregte Unterhaltung mit einem amerikanisch/tschechischen Paar verstrickt („Wir sind ja Nachbarn „ meint das Mädel.) Das Bier fließt in Strömen und so findet der Abend ein recht spätes Ende. Ohne Rücksicht auf die anderen Bewohner unserer Unterkunft nutzen wir dann noch die Errungenschaften der modernen Zivilisation und nehmen mitten in der Nacht noch eine heiße Dusche, ist auch bitter nötig! Am Morgen schreckt mich der Straßenlärm schon vor sechs Uhr auf: Pferdekutschen, Eselskarren, röhrende Lastwagen, Straßenhändler, die lautstark ihre diversen Waren anpreisen. ... Ohrenbetäubend! Loui pennt wie ein Baby, beneidenswert!

Tut mir fast leid, ihn zu wecken, aber wir müssen weiter. Eine Stund später: Wir haben, nach dem packen, in aller Seelenruhe in einem Kaffee am Straßenrand gefrühstückt (Die üblichen Eierpfannkuchen mit Kaffee) sitzt Loui im Reisebüro und macht die Flugtickets klar, während ich die drei ortsansässigen Banken aufsuche, um festzustellen, dass American Express in diesem Teil der Welt leider nicht vertreten ist!

Wir haben, glaube ich, ein mittleres Problem!

Unser gesamtes Barvermögen, 20 US Dollar, reichen bei weitem nicht für zwei Flugtickets, sondern geradeso für eine Busfahrt nach Medellin. Allerdings auch nur für eine Person! Man macht uns den Vorschlag, einer von uns soll mit dem Bus nach Medellin fahren, dort Schecks gegen Bargeld tauschen und den anderen dann wieder einsammeln. Klingt nicht gerade verlockend bei den Entfernungen. Wir wollen auf Kredit mitfahren und erst am Zielort bezahlen. Man zeigt sich nicht sehr begeistert! Eine Angestellte des Reisebüros ist mit am Busbahnhof und dient uns als Übersetzerin. Ein Bus nach dem Anderen verläst die Station. Mir fällt keine, für beide Seiten akzeptable Lösung ein. Braucht es auch nicht, denn man bugsiert uns dann einfach in einen Bus und heißt uns: Sitzen bleiben, verlädt unsere Rucksäcke im Stauraum und ab geht die Fahrt! Nach Vier Stunden kommt der Kassierer und nimmt uns unser restliches Bargeld ab. Tickets gibt es zwar Keine, aber egal: Offiziell sind wir erst jetzt zugestiegen. Darauf muss man erst mal kommen.

Die Fahrt dauert insgesamt Fünfzehn Stunden, es geht durch ein Gebirge und es gießt aus Eimern. Einem Erdrutsch kann unser Fahrer gerade noch ausweichen, außer Faustgroßen Löchern im Bus keinerlei Schäden! Allerdings streikt das Getriebe nach der Hälfte des Trips und lässt sich auch nicht mehr überreden, Seinen Dienst wieder aufzunehmen! Wir nutzen die Zeit der erfolglosen Reparaturversuche, um vor Ort alle Läden, Tankstellen und Restaurants aufzusuchen und unsere Schecks anzupreisen wie Sauer-Bier. Leider ohne Erfolg! Nach zwei Stunden hat die Gesellschaft dann ein Ersatzgefährt aufgetrieben, mit dem es weiter geht. Der Kassierer ist völlig betrunken und wir haben unsere liebe Not, ihm das nicht vorhanden sein unsere Tickets zu erklären. Aber man nimmt uns schlussendlich, nach einlenken der übrigen Passagiere, doch noch mit!

Jede Stunde wird eine Kaffeepause eingelegt, ohne Kaffee für uns selbstverständlich. Erschwerend kommt noch hinzu, dass mein Zigarettenvorrat bedenklich zur Neige geht, auch, weil der Kassierer sich bei mir bedient, bis er endlich, laut schnarchend, einschläft.

Um 22 Uhr erreichen wir dann das ultramoderne Busterminal von Medellin. (Woher wohl das ganze Geld kommt?) Es ist Stockdunkel und wir haben noch eine ganz anständigen

Fußmarsch durch eine unbekannte Stadt vor uns. Taxi können wir ja nicht bezahlen!

Wir schlurfen also mit unserem Gepäck in Richtung Innenstadt, von Slums keine Spur, die Stadt ist reich. Leider ist Sie in den Hang gebaut, sodass wir stetig bergauf wandern müssen. Nach über einer Stunde strammen Marsches erreichen wir ein Hotel (Im gleichen Gebäude befindet sich sogar eine Bank, wenn auch im Moment geschlossen)

Nach nur einmaligem klingeln wird da schwere Stahlgitter vor der Rezeption geöffnet. Wir bekommen ein Doppelzimmer (Wofür ist die Rolle Toilettenpapier zwischen den Betten?) zu einem akzeptablen Preis und müssen nicht im Voraus bezahlen. Der für uns größte Luxus ist die Minibar, welche wir von allem Eß- und Trinkbaren befreien! Kippen sind leider keine im Kühlschrank. Schade.

Früh am nächsten Morgen stehe ich auf und kaufe mir von meinen letzten 20 Peso zwei Zigaretten, stille erst mal meinen Nikotinhunger und warte darauf, dass die Banken öffnen. Der Schalterbedienstete in unsere „Hausbank" erklärt mir in radebrechendem englisch, dass seine Bank mit American Express so gar nichts am Hut hat, aber ich bräuchte nur drei Blocks die Strasse hinauf links abzubiegen, da befände sich dann ein „Big Building", die tauschen! Auf dem Weg besuche ich noch drei weitere Banken: Immer die gleiche Auskunft! Nach dem dritten Block, gute 1,5 Kilometer vom Hotel entfernt, biege ich dann nach Links ab. Steht da doch glatt eine siebzehn Stockwerke hohe Bank! Das muss das „Große Gebäude" sein! In der Eingangshalle muss ich meine Passnummer in eine Liste eintragen (Umgeben von Bewaffneten) und darf dann mit dem Lift ins oberste Stockwerk, Aussicht auf die Stadt, weit und breit kein größeres Gebäude. Man kann mit meinem Anliegen nichts anfangen und schickt mich eine Etage tiefer. Auch dort reagiert man mit Unverständnis: Schecks werden doch nur im „Big Building" eingelöst! So langsam verstehe ich die Welt nicht mehr! Aber, ergeben in mein Schicksal folge ich einem der Angestellten zum Fenster und lasse mir von dort aus ein kleines, gedrungenes Gebäude auf der anderen Straßenseite zeigen: Da soll ich jetzt hin! Also wieder 'runter, abmelden, über den kleinen Platz und schon stehe ich vor meterhohen Lettern: „BIC Building" Na gut, so kann man das auch schreiben! Nur, dass das Gebäude dann nicht mehr unbedingt groß sein muss!

Im Keller des Gebäudes sind zehn Schalter, über dem mit der kürzesten Schlange Wartender ist ein riesiger Scheck abgebildet, ich bin am Ziel!

Der Kassenangestellte braucht Kopien meines Reisepasses, diese kann ich nebenan für nur 20 Peso herstellen lassen! Ich kremple meine Hosentaschen um und schüttle, wahrscheinlich mit etwas grimmigem Gesichtsausdruck, den Staub aus meiner Geldbörse auf den Tresen, wobei ich recht lautstark auf die Scheckfirma fluche, mit dem Erfolg, dass der Mitmensch mir 20 Peso in die Hand drückt. Ab jetzt läuft alles reibungslos.

Erst mal ′ne Packung Zigaretten kaufen und dann auf einem anderen, leider längeren, Weg zurück zum Hotel. Anderthalb Stunden später stehe ich an der Rezeption: „Amigo Cambio" ist die knappe Auskunft. Ich werde also am Straßenrand frühstücken und die Augen offen halten, Amigo wird ja wohl vorbei kommen. Der kommt dann auch eine halbe Stunde später leicht entnervt, man hat ihn zum „BIC Building" geschickt – Erklärung überflüssig!

Den Rest des Tages verbringen wir mit der Erkundung der Stadt. Medellin ist, wie gesagt, in den Hang gebaut und Kurven mag man nicht, alle Straßen sind schnurgerade!

Am Abend rücken wir in eine der zahlreichen Bars in der Umgebung des Hotels ein. Anfangs schenkt man uns keinerlei Beachtung, das ändert sich erst, als wir plötzlich von bewaffneten Uniformierten förmlich umzingelt sind. Alle Gäste müssen sich mit über dem Kopf gekreuzten Armen an die Wand stellen, um von den Militärs abgetastet zu werden. Komischerweise fallen wir nicht sofort als Touristen auf. Erst, als ich meinen Pass vorzeigen muss, ändert sich der grimmige Gesichtsausdruck des Befehlshabenden, er lächelt, drückt mir die Hand und gibt mir zu verstehen, dass man nur nach Waffen suchen würde und dabei würden Deutsche nicht zu seiner Klientel zählen. Wir dürfen also wieder Platz nehmen und weiter unser Bier trinken. Nachdem die Untersuchung der restlichen Gäste abgeschlossen ist machen sich die Staatsbediensteten wieder von dannen und die Musik wird erneut aufgedreht.

Eines der Tanzmädchen verirrt sich an unseren Tisch und versucht mit sehr viel spanisch und ein paar Brocken englisch eine Konversation mit uns. Am Ende haben wir verstanden, wie das hier so läuft. Die Mädels verdienen ihr Geld, indem Sie mit den Gästen tanzen und, vor Allem: Mit den Herren der Schöpfung trinken, viel trinken! Wobei die Herren beim Bier bleiben und die

Damen die harten Sachen bekommen. Komische Art des Zeitvertreibs, wohl vor allem auf Kosten der Gesundheit der Tanzmädchen, wir sind im Lande der Machos!

Andere Gäste stoßen zu uns und gemeinsam redet man auf uns ein: Dies ist eine sehr gefährliche Gegend für Europäer und wir sollen doch, um Gottes Willen ein Taxi für den Rückweg ins Hotel nehmen, wenn wir es denn lebend erreichen wollen, unser Einwand, dass auf den ca. 200 Metern wohl nicht allzu viel passieren kann, wird nicht toleriert.

Langer Rede, kurzer Sinn: Wir wechseln die Bar und nehmen die letzten paar Biere in Ruhe zu uns. Mitten in der Nacht fällt der schwere Stahlriegel des Hoteleigenen Gitters hinter uns ins Schloss und wir gelangen wohlbehalten in unser Zimmer, ich setze mich noch für eine Gute Nacht Zigarette auf den Balkon und beobachte das Treiben in den diversen Bars – Kein Mord!

Am nächsten Morgen geht es weiter: Per Pedes zur Hochbahn, mit dieser zum Busterminal. Gebucht wird mittels Computer, in dieser Stadt ist alles etwas moderner als auf dem Rest der Tour.

Der Bus hat dann auch noch was von „Raumschiff Enterprise". Dem Fahrer sollte man gelegentlich mal mitteilen, dass er sich nicht im All befindet, dafür fliegt er zu tief! Sogar Video ist an Bord: Mir wäre, auch in Anbetracht der Zahlreichen Kinder an Bord, ein anderer Film als „Das Kettensägen Massaker" lieber. Etwas leiser wäre auch ganz schön!

Verwunderlicher Weise kommen wir dann doch lebend und sogar in einem Stück in Bogota an, es ist zwar nach der zwölfstündigen Fahrt (Selbstverständlich ohne Fahrerwechsel!) natürlich schon dunkel, aber wir verfügen immerhin über Bargeld!

Eine geschlagene Stunde dauert die Fahrt mit dem Sammeltaxi in die Stadt, wir hätten aber schon nach der Hälfte aussteigen sollen. So müssen wir zu Fuß ein gutes Stück auf dem gleichen Weg zurück, um uns eine Übernachtungsmöglichkeit zu suchen. Wir hatten ja schon im Reiseführer von den hierzulande beliebten „Liebeshotels" gelesen, aber jetzt haben wir auch eines besichtigt. Man hält uns für ein Pärchen. Akzeptiert! Doppelzimmer mit einem Mann auf so einer Tour ist ja ganz in Ordnung, aber bestimmt nicht in einer derart schwülstigen Atmosphäre! Außerdem gehen mir die wissenden Blicke der Angestellten gehörig gegen den Strich! Nach einer recht langen Suche finden wir dann doch noch eine Bleibe für die letzte Nacht.

Morgen fliegen wir nach Hause.

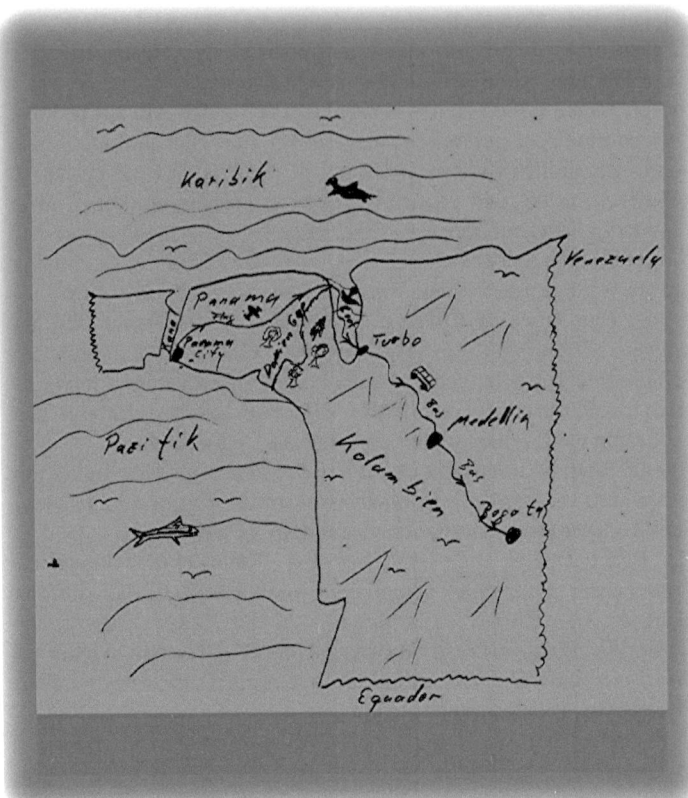

Eins hab´ ich noch: Zwischenlandung in London, kaum ist der
Flieger am Boden, wird er auch schon von einer ganzen Horde
Polizeiwagen verfolgt, die ihn am „Schlauch" regelrecht
umzingeln, wahrscheinlich, damit niemand über das Rollfeld
entkommen kann. Wir verlassen die Maschine und gehen durch
ein Spalier Uniformierter, an jedem Ausgang werden die
Einreisenden penibel untersucht – das Flugzeug kommt aus
Kolumbien! Überall Rauschgifthunde, jeder, der hier seine Reise
beendet, packt sein gesamtes Gepäck vor den Zöllnern aus! Wir
steigen völlig unbehelligt in den nächsten Flieger nach Düsseldorf,
für die Leute in Deutschland kommen wir aus London, der
Zollstand ist noch nicht einmal besetzt! Soweit zum vielgerühmten
„Global Village"!

Snack am Busbahnhof (Irgendwo in Mittelamerika):
Die Frauen verkaufen kleine Snacks an Durchreisende, sättigend
müssen Sie sein, heiß und schnell zubereitet. Ideal, wenn es dann
auch noch schmeckt. Eine dieser Köstlichkeiten sind Maisfladen.
Dafür mischt man Maismehl mit lauwarmen Wasser und etwas
Salz mit der Hand, formt kleine Bällchen, rollt Diese zu etwa 10
cm großen, flachen Fladen aus, in heißem Öl ausbacken, bis sich
kleine, braune Punkte zeigen, die fertigen Fladen mit sehr fein
gehackten Zwiebeln und Chillies belegen, zusammenrollen, (Das
ist nur eine Variante, die Möglichkeiten sind schier endlos!) fertig!
Zuhause in kleiner Runde, verschiedene Sorten „ Füllgut"
anbieten, ersetzt so manches aufwendige Mahl!

Total Eclipse

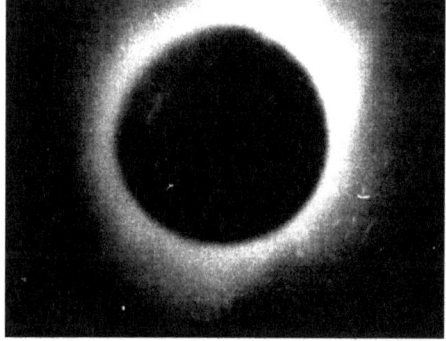

„Once in a lifetime" steht in den Thailändischen Zeitungen.

Eine totale Sonnenfinsternis steht ins Haus, mit Zentrum im Süden des Landes. Ich will dabei sein! Im Moment bin ich allerdings noch in Singapur. Wandschrank mit Schlafgelegenheit (Im wahrsten Sinne des Wortes: Ich muss die Türe öffnen, meinen Rucksack auf das Bett schmeißen und selbst hinterher krabbeln, erst dann kann ich die Türe wieder schließen, mein Gepäck vor derselben abstellen und mich zum schlafen hinlegen! Selbstverständlich verfügt das „Zimmer" über keinerlei Fenster. Dafür ist es sehr ruhig!) für 15 US Dollar die Nacht! Nicht so ganz meine Welt die Stadt. Alles aber auch wirklich Alles steht unter Strafe und erwischt wird man mit ziemlicher Sicherheit, bei den (leider) allgegenwärtigen Überwachungskameras! Sauber ist es hier, vor Allem, wenn man gerade aus Malaysia eingereist ist. Selbst die Garküchen unterliegen den Hygienebestimmungen und sind in Tiefgaragen verbannt! Für jemanden, der auf futuristisches Ambiente bei totaler Kontrolle steht sicher der Himmel auf Erden! Ich will nur noch weg! Drei Tage habe ich noch, dann muss ich in Naton

Ratschasima, oder Korat sein. Viele Orte haben zwei Namen, siehe Bangkok. Dort habe ich ein Hotel aufgetan und es ist nicht mehr weit bis zum Zentrum der Sonnenfinsternis. Ich werde fliegen. Gebucht habe ich in einem kleinen Reisebüro, Tickets sind Rückbestätigt, kann nichts mehr schief gehen. Auf dem Flughafengelände herrscht natürlich absolutes Rauchverbot. Strafe: 100 Singapur Dollar (Steht im Moment eins zu eins zur DM!), wenn man die Kippe dann schnell wegschnippt verdoppelt sich der Preis wegen Umweltverschmutzung! Ich sitze also am einzigen Aschenbecher außerhalb des Terminals in einem Knäuel von anderen Süchtigen und fröne meiner Nikotinleidenschaft bis ich namentlich aufgerufen werde. Der Flieger hebt ohne mich nicht ab, mein Gepäck ist ja schon an Bord und zu spät kommen ist so ungefähr das einzige straffrei Vergehen in diesem Kleinstaat nach dem Muster George Orwells. Der Flug nach Bangkok

(Bei den Thais heißt die Stadt: *Krung Tep Mahanakorn Amornrattanakosin Mahinthara Mahadhiokphob Noparatratjathani Burirom Udomradjanivet Mahasathan Amornpimarn Auwatharnsathit Sakaraya Vishnukarmprasit,* oder einfach: *Krung Tep, wäre ja auch sonst zu kompliziert*)

mit der Thai verläuft problemlos, Ich bin im Besitz eines Visums, welches bei jeder erneuten Einreise nach Thailand um weitere sechs Wochen verlängert wird. Per Bus geht es zum Hauptbahnhof, alles dunkel. Der nächste Zug in Richtung Korat läuft am nächsten Morgen um sechs Uhr Fünfzig aus. Gotteslästerlich früh! Ich muss ein Hotel in der Nähe finden. Die Suche erweist sich als nicht ganz so einfach: Entweder zu teuer oder Preise pro Stunde – ich bin weder auf dem einen noch auf dem anderen Trip! Als ich endlich eine adäquate Bleibe gefunden habe ist es bereits weit nach Mitternacht. Dafür klappt der Weckdienst um Fünf in der Frühe, auch wenn ich recht kleine Augen habe. Am Bahnhof ist schon Alles geöffnet, Tickets kaufen, Suppe frühstücken, Abteil besteigen, abfahren, alles wie in einem Guss. Der Monsun ist dieses Jahr ein wenig heftiger ausgefallen und dementsprechend ist der Zustand der Geleise: Zeitweise geht die Fahrt nur im Schritt-Tempo voran, die Schienen werden unter den Wassermassen vermutet, Land unter ist angesagt. Ich sitze außen auf den Treppen und halte Ausschau, laut Zeitungsberichten sollen alle Krokodilfarmen überschwemmt sein und etliche der Panzerechsen laufen jetzt frei herum! Es zeigt sich nur leider Keine! Ich bin im „Doctors – Hotel" mit vier angehenden Ärzten verabredet, das letzte Mal haben wir uns zufällig auf Penang in

Malaysia getroffen. Nach dem Trip musste ich leider erfahren, dass meine Bekannten bei einem Busunfall einen 200 Meter tiefen Abhang hinunter gefallen sind. Alle haben überlebt, wenn auch mehr oder weniger schwer verletzt es standen wohl, zum Glück, jede Menge Sträucher zum abbremsen im Weg.

So warte ich im Hotel völlig umsonst auf die Vier. Der Versuch, Schlafstätten frei zu halten erweist sich allerdings sowieso als unmöglich, man verfügt nur über ein Doppelzimmer, was wir im Moment zu Dritt bewohnen, weitere 14 Leute wohnen im Flur, in der Küche und sogar auf der Veranda, von überallher werden Bettgestelle und Liegen herangeschafft, das Geschäft will man sich nicht entgehen lassen. Am ersten Abend sitzen wir mit zehn Nationen friedlich am Tisch und trinken „Singha Bier" am nächsten Tag ist der zweite Japaner im Haus, also nur noch neun Nationen am Tisch und Japan separat – Schade!

Die Vermieter wollen die Fahrt zu dem Großereignis organisieren, wir sind damit einverstanden, obwohl wir auch in der Stadt das Schauspiel verfolgen könnten, allerdings stören die Lichtquellen in bebauten Gebieten sicher. Die Leute kennen den besten Platz.

Früh am nächsten Morgen werden wir geweckt, man hat zwei große Pickup besorgt. Die Gäste teilen sich auf die Ladeflächen auf und ab geht die Fahrt. In Deutschland undenkbar, aber wir sind ja nicht in Deutschland. Ohne jegliche Sicherung auf der offenen Ladefläche geht es über Stock und Stein und mit über 100 km/h auch über die Autobahn. Wir krallen uns an der Reling fest. Man will ja nicht auf die Fahrbahn fallen! Für mich ist das Fahren auf der falschen, sprich: Linken, Fahrbahn immer noch gewöhnungsbedürftig, auch wenn ich zu Fuß schon recht zügig über mehrspurige Strassen komme. Nach einer etwa zweistündigen Autofahrt sind wir am Ziel. Eine riesige Freifläche, übersät mit Menschen, im Zentrum eine Tribüne für die VIP's, auch Vertreter des Königshauses sollen vor Ort sein. Es dauert eine geraume Zeit, bis das Schauspiel beginnt, die mitgebrachten dunklen Brillen tun Ihre Dienste. Eine partielle Sonnenfinsternis würde ich persönlich ohne das Hilfsmittel wahrscheinlich gar nicht bemerken, erst so ab 75% wird es merklich dunkler. Dann erscheint der sogenannte Diamantring und dann sieht man die Corona, die Sterne werden mitten am Tag sichtbar, die Temperatur fällt merklich ab, selbst das allgegenwärtige brummen und surren der Insekten verstummt, die letzten Wolkenfetzen lösen sich mit dem schwindenden Tageslicht auf, es herrscht wenige Sekunden lang absolute Stille! Dann bricht die Begeisterung aus: „Oh" und „Ah" aus

Zehntausenden Kehlen, das klicken der Fotoapparate und das knallen von Sektkorken. Die Einheimischen zelebrieren das Ereignis. Dem Urglauben nach frisst ein Dämon die Sonne, ohne unser modernes Hintergrundwissen kann ich das nachvollziehen! Man muss sich vorsehen, damit man beim gehen nicht eines der zahllosen Teleskope umwirft. Während der Totalen Finsternis kann man ohne Schutz in die Sonne, oder besser: Auf die Corona sehen! Es ist ein einmaliges Erlebnis. Jahre später soll ich meine zweite Totale in Stuttgart erleben, leider bei geschlossener Wolkendecke.

Gut in jedem Fall, dass ich schon eine Weile in den Tropen unterwegs bin, die Sonne scheint in der Zeit der Finsternis neue Kraft getankt zu haben und die Rückfahrt dauert bedeutend länger, als der Weg hierhin, doch der Sonnenbrand hält sich in Grenzen. Abends wird noch mal gemeinsam gegessen, bevor wieder jeder Seines Weges geht.

Als kleine Anregung für den heimischen Herd hier nun das Rezept von „Tom Yam", meiner Lieblingssuppe, das die Übersetzung „Sehr scharf" bedeutet erzählt man nur den Touristen, aber es ist sehr glaubhaft. Die Suppe muss dreimal brennen: Auf der Zunge, im Magen und am nächsten Tag ...

Es gibt drei Arten:
-Tom Yam Kung (Goong): Krabben Basis
-Tom Yam Plad: Fisch Basis und
-Tom Yam Kai (Gai): Hühnchen
Und jetzt das Rezept:

1 Liter Krabben-Fisch- oder Hühnerbrühe aus Würfeln oder aus dem „Real Thing", also Resteverwertung, erhitzen.
Eine Handvoll Krabben, Fisch oder Hühnerstückchen.
Eine Dose Strohpilze
Zwei Stängel Zitronengras
Ein Stück Laos Wurzel (Galgant)
10 Makrot Blätter (Wilde Limonenblätter)
Thai-Fisch Soße (Nam Pa) KEIN Salz
10 frische, kleine (Das sind die schärfsten!) Chilis, (Grün oder Rot) der Länge nach aufgeschnitten!
Nach dem aufkochen 1 bis 2 Teelöffel Zitronensaft und 1-2 Esslöffel feingeschnittene Korianderblätter unterrühren, fertig!

Test für Brillenträger (Sonnenbrille reicht auch!): Nach dem dritten Löffel muss die Brille (Schlagartig!) auf die Nasenspitze rutschen, dann war die Suppe scharf genug!
Ich habe die Suppe nach über einem Monat Aufenthalt in Süd Ost Asien zu Hause nachgekocht. Kommentar meines Bruders: „Wasch ischt dasch?" Noch Fragen?

Tipp für Überlandbusse in Thailand: Die Dinger sind ultramodern, verfügen also auch über eine Klimaanlage. Mein steigt bei tropischen Außentemperaturen, also meist verschwitzt, in den aufgeheizten Bus und bekommt zur Begrüßung eine Decke gereicht. Komisch? Nein! Unbedingt annehmen, am besten nach einer Zweiten fragen! Denn die Thailänder stehen auf Kühle beim Reisen. Ohne die Decken ist frieren angesagt, besonders nach Pausen ist die Temperaturdifferenz immens, eine Erkältung durchaus im Rahmen der Möglichkeiten!

Eins hab' ich noch: Mal wieder in Bangkok, International Airport, die Schlange vor dem Schalter der Philippine Airlines gerät in Aufregung, über Manila soll ein Sturm toben, der Flug fällt aus, Hotelgutscheine werden verteilt, Transporte organisiert, ich will nach Hause! Leichte Diskussionen mit dem Bodenpersonal, auf dem Hinflug hat man mich auch via Amsterdam mit Lufthansa und KLM umgeleitet, ich will einen Flug nach Europa, von da aus komme ich auch nach Hause. Man ist nicht begeistert, morgen fliegt die Maschine doch, ich soll warten. Und wenn Morgen immer noch Sturm herrscht? Keine Lust auf Ärger im Betrieb, ich muss wieder zur Arbeit, Geld verdienen für den nächsten Trip!
Man bucht mich auf einen Flug der Lufthansa nach München, für die Fahrt nach Frankfurt muss ich selber sorgen. Krieg' ich hin!
Im Flieger reißt ein Passagier entsetzt seine Kopfhörer von den Ohren, etwas zu laut plötzlich! Der Mann in der Reihe vor Ihm beschwert sich indes beim Steward, er kann seine Lautstärke nicht regeln, zu leise! Hoffentlich hat man bei den anderen Kabeln des Brandneuen Airbus etwas mehr Sorgfalt walten lassen!
Landung in München, Franz-Josef Strauss Flughafen, ich in Sandalen, kurzen Hosen und T-Shirt, Frankfurt wäre geheizt! Hier zieht es an allen Ecken!
Ein Mitbringsel aus Thailand hat die Aufmerksamkeit eines bayrischen Zollbeamten auf mich gelenkt, ich soll mitkommen zum Tisch! Auspacken! Sofort!

Mir ist kalt, ich bin etwas unpassend angezogen für den Winter!
Ich warte auf meinen Rucksack! Ja doch, ich komme – sobald ich
warme Klamotten anhabe!
Der Grenzbeamte sucht mein Gepäck nach Rauschgift ab, wer
Schnitzereien von Elefanten mitbringt macht sich in Seinen Augen
verdächtig!
„In Thailand steht auf den Besitz geringer Mengen Haschisch die
Todesstrafe" erkläre ich Ihm: „Ich habe drei Kilometer bis Venlo,
da reiht sich ein Coffee-Shop an den Nächsten, Hasch gibt es da in
Kilobarren!"
Grimmiges Gesicht, aber er muss mich gehen lassen. Pech gehabt!

Wollte nur mal gucken ...

Kenia, Diani Beach, nah der Hafenstadt Mombasa. Mehrsterneanlage Halbpension direkt am Strand und doch ein Swimming Pool. Die Leute stehen zu Nachtschlafender Zeit auf, um Ihre Liegestühle mit Handtüchern zu reservieren, manche haben Ihre handgeschnitzte Namensschilder auf den Frühstückstischen stehen, damit auch ja niemand auf die Idee kommt, man hätte freie Tischwahl! Einheimische kann man nur treffen, wenn man das Ressort verlässt. Es sind circa zwei Kilometer bis in die andere Welt, mit Wellblechhütten und bitterer Armut, die Gegend um die Hotelanlagen ist hermetisch abgeriegelt. Als Bewohner der umliegenden Dörfer hat man nur als Angestellter die Gelegenheit, auch mal am Luxus schnüffeln zu dürfen, daran teilhaben ist natürlich wieder etwas Anderes!
Wir, als Touristen werden mit allem erdenklichen Komfort bedacht, die meisten Mitbewohner verlassen die Anlagen nur, um

wieder den Weg Richtung Heimat anzutreten. Klar, einige haben von zu Hause aus noch eine Safari gebucht, in den Tsawo oder die Serengeti, bei uns reicht die Kohle dieses Mal nicht aus, die Eintrittspreise sind nämlich ganz schön happig! Also begnügen wir uns mit Fahrten in die nähere Umgebung, auf die Dörfer und in den Haller Park von Mombasa, ein Tierpark in einem stillgelegten Steinbruch, in welchem man einheimische Wildtiere aus nächster Nähe beobachten kann. Die Giraffen fressen einem direkt aus der Hand! Wird Alles von Europäischen Veranstaltern vor Ort arrangiert. Leuten, die nach Kenia ausgewandert sind, Ihr Auskommen in der Fremde suchen, meist mit Einheimischen verheiratet sind, allerdings immer noch in der Hotel – Enklave wohnen Auswanderer? Eher Flüchtlinge, man bleibt unter sich, Umgangssprache: Deutsch. Integration? Fehlanzeige! Wir möchten uns ausnahmsweise wirklich nur erholen, was uns natürlich nicht davon abhält, zumindest den in der Nähe befindlichen, recht kleinen Nationalpark zu besuchen, den man zum Schutz der seltenen Säbelantilopen eingerichtet hat. Raubtiere gibt es an der Küste Kenias schon lange nicht mehr und um wenigstens einen der „Big Five" bewundern zu können muss man schon in einen Park. Wir haben Glück und dürfen, außer den erwähnten Säbelantilopen auch Impallas, Giraffen und sogar eine Gruppe Elefanten aus nächster Nähe beobachten. Sogar wandern zu einem Wasserfall steht auch auf dem Programm. Unter bewaffnetem Schutz selbstverständlich! Die erste Patrone ist eine Platzpatrone und nur, wenn der Schock nicht ausreicht, wird es Ernst für die Dickhäuter! Wir haben Glück und unsere grauen Freunde auch!

Auch eine Reise mit einem arabischen Dau zu einigen der kleinen vorgelagerten Inseln, in Begleitung durch eine Schule von Delfinen steht auf unserem Plan. Wir besichtigen ein versteinertes, trockenes Korallenriff und ich bewundere das Leben in Zwanzig Meter Tiefe direkt vor den Hotelpalästen: Schon erstaunlich, was sich da vor den Augen der Badetouristen verbirgt, selbst Meeresschildkröten verschiedener Arten kann man beim fressen beobachten. Hummer (Diese Tiere kannte ich bisher nur vom Teller, schön, auch mal welche in natürlicher Umgebung bewundern zu können!), riesenhafte Muränen und die verschiedensten Arten bunter Fische, sowie Korallen in allen erdenklichen Formen kann man quasi in Sichtweite der Sonnenanbeter bewundern. Unangenehm ist nur meine Bekanntschaft mit einer einzelnen Tentakel einer Portugiesischen Galeere, wenn man in die Nesselfallen einer solchen Giftqualle gerät, kann das zum Tod führen. Selbst die Spuren, die eine einzelne dieser nahezu unsichtbaren Waffen hinterlässt, sind noch Wochenlang sichtbar und Sie brennen wie Feuer. Um Krokodile zu beobachten fahren wir einen ganzen Tag durch die Mangroven, nur um so einen halben Meter Panzerechse zu stören. Gefährliche Tiere gibt es in diesem Teil des Landes eben nicht, wobei Mama und Papa ja auch in diesem Flüsschen zu Hause sein sollten! Rings um die Hotels und auch innerhalb der eingezäunten Gelände wimmelt es von Affen, Meerkatzen, Celebus Affen, die nur an der Küste Kenias und in Teilen Äthiopiens vorkommen und für die man sogar eigens Brücken angelegt hat, damit Sie Heil über die Strasse kommen und dann gibt es auch noch Paviane, Berber Paviane, um genau zu sein, das ist die größte Art, aufrecht kommen die Tiere gut auf Einmeterfünfzig. Aber wenn man Ihnen, beziehungsweise den Bullen, nicht genau in die Augen sieht sollen Sie friedlich sein. Ansonsten sind da ja noch die Angestellten „Affenvertreiber" des Hotel, bewaffnet mit Steinschleudern, wo die Leute auftauchen ist Ruck Zuck Affenfreie Zone! Wir haben es uns zur Gewohnheit gemacht, zu den Essenszeiten immer Bananen an den Rand des Tisches zu legen und uns über die frechen Meerkatzen zu freuen, die sich Ihren Anteil trotz Bewachern stibitzen! Sie kommen durch die Ritzen der Strohdächer in den Speisesaal, immer bedacht darauf, von den Uniformierten nicht entdeckt zu werden, dass von den Gästen keine Gefahr ausgeht wissen die kleinen Racker!

Marion hat die Vormundschaft über eine kleine Hauskatzenfamilie übernommen, also: Warane von den Babys fernhalten, füttern und Streicheleinheiten verteilen. Ich liege auf dem Bett, als die leisen Hilfe, Hilfe „Rufe" ertönen Ein Satz und ich bin über die Balkon Brüstung, Gott sei Dank wohnen wir ebenerdig! Ich kann die Angst in der Stimme verstehen, wenn man auf Knien sitzt und dann nach hinten guckt, so Auge in Auge mit einem ausgewachsenen Pavian.... Ich scheine allerdings mit meinem plötzlichen auftauchen doch etwas verunsichernd auf den Fellträger zu wirken, jedenfalls sucht er das Weite, schade nur, dass er den Beutel Lutscher mitgehen lässt, der war eigentlich zum Verteilen an die Kinder des Dorfes gedacht! Der Fluchtbaum ist zu hoch für mich und so können wir nur zusehen, wie eine Verpackung und ein Lutscherstil nach dem Anderen zu Boden schweben. Nachdem er zwanzig von den Süßigkeiten verzehrt hat, fliegt dann der Rest unausgepackt vom Baum, man ist also doch bereit zum Teilen. Nette Geste!

46

Noch am gleichen Nachmittag nutzt unser neuer Freund die offene Balkontür und unseren Aufenthalt im Bad für einen kleinen Freundschaftsbesuch im Zimmer, mit kurzer Inspektion des Kühlschrankes selbstverständlich! Diesmal kostet es uns eine Mango, aber wir kommen wieder ungeschoren davon. Gefährliche Tiere? Na ja, eher etwas neugierig, aber schließlich wohnen wir momentan auf Seinem Land.

Paviane am Diani Beach: Bei den hier vorkommenden Pavianen handelt es sich um Bärenpaviane, diese Unterart wird bis zu 115 cm lang und 40 Kg schwer. Die Männchen sind etwa doppelt so groß wie die Weibchen und verfügen mit Ihren starken Reißzähnen über recht eindrucksvolle Waffen. Sie kommen zwischen Kapstadt und Somalia recht häufig vor, die Familienverbände haben bis zu 150 Mitglieder und in manchen Gegenden haben sich aggressive Gruppen zu echten Problemen für die menschliche Bevölkerung entwickelt.

Einen hab´ ich noch: Flughafen Mombasa, Zollkontrolle, die Koffer stehen im Röntgengerät, die Dame am Bildschirm wirkt etwas ratlos und winkt mich heran, einen länglichen Gegenstand in unserem Gepäck kann Sie nicht identifizieren ich soll ihr helfen! Da bin ich allerdings der falsche Ansprechpartner, bei „Kofferurlaub" besteht Marion darauf, dieselben zu packen, ich störe da nur, sagt Sie! Also halte ich mich dezent im Hintergrund. Meine Aufgabe sind die Tickets, Visa und Pässe.

Wir rätseln also zu zweit, Marion ist im Moment in den Läden des Flughafens auf Entdeckungstour und somit nicht greifbar. Ich entdecke ein Reisebügeleisen und einen Tauchsieder, habe ich während des Aufenthaltes weder gesehen, noch vermisst! Aber dieses lange Ding? Keinen blassen Schimmer, ich zucke mit den Schultern. OK, sagt die Beamtin resigniert und der Koffer läuft auf dem Band in Richtung Flugzeugbauch. Aufgemacht haben wir das Gepäck nicht, hätte wohl zeitlich nicht mehr geklappt? Soviel zu: „Safety First".

Heilig!

Hinduistische Enklave in muslimischem Staat, ringsum begrenzt vom Meer! Jede Stadt hat Ihren Tempel, jede Straße, jedes Haus! Und auch da, wo es keinen Tempel gibt, wohnen die Götter, Geister, Dämonen und Teufel! Gut und Böse muss sich die Waage halten, sonst gibt es kein Gleichgewicht: Bali, die Insel der Götter, dort, wo die Einheimischen Ihren Glauben auch im größten Touristengewühl mit einer Innbrunst leben, die uns Mitteleuropäer immer wieder in Erstaunen versetzt! Auch das höhere Wesen, das in der Mitte der stark frequentierten Straßenkreuzung lebt, verlangt nach seiner täglichen Opfergabe, seien es kunstvolle Blumengebinde, kleine Geldscheine oder bunter Reis, alles schön arrangiert in Schalen, geflochten aus Palmblättern! Und die Geschenke an die Götterwelt helfen, zumindest der älteren Dame, die sich auf dem Weg zum Opferplatz in der Mitte der Kreuzung völlig ruhig durch das Chaos bewegt. So ganz genau bekommt der Außenstehende es nicht mit, ob nun ein Dämon oder eine der guten Gottheiten in den Genuss der Gaben kommt, ist auch egal, das Gleichgewicht muss gehalten werden! Die Luft ist regelrecht gesättigt vom Duft der Blumen, Räucherstäbchen und Ketec, den allgegenwärtigen Nelkenöl Zigaretten. In Anlehnung an Napoleons berühmten Spruch über Korsika: „Ich erkenne Bali mit verbundenen Augen am Geruch!"
Mitten in Kuta, der Hauptstadt wagen wir einen „Sling Shot", man wird, angeschnallt in einer Kugel, an Bunjee Seilen in die Luft geschossen. Adrenalin pur. Rund um den Platz sind Opfergaben verteilt, es kann also gar nichts schief gehen.
Wir wollen heilige Stätten besuchen, an denen nicht gerade Touristengruppen hinter einem aufgespannten Regenschirm

herrennen. Also etwas abseits der Haupttempel, genauer: Auf einem tätigen Vulkan. Der Gunung Agung ist der kleinere der zwei Feuerberge auf der Insel, den wollen wir erklimmen. Früh am Morgen geht es los, per Taxi durch die faszinierende Landschaft der Reisterassen. Leider bei Dunkelheit, aber wir wollen bei Sonnenaufgang auf dem Gipfel sein! Zu Anfang geht der Fußweg noch einige Hundert Meter ohne Steigung, dann ist kraxeln angesagt, gut, dass die Sonne noch nicht aufgegangen ist, bei den normalen Tagestemperaturen wäre der Aufstieg eine echte Tortur! Auch jetzt ist es nicht gerade ein Zuckerschlecken. Deprimierend ist es nur, wenn einer der Einheimischen mit einem Kasten Getränke auf dem engen Steig überholt, die Zigarette locker zwischen den Lippen! Und wir japsen nur so nach Luft. Aber auch wir kommen schlussendlich am Kraterrand an bevor die Sonne aufgeht.

Es sind noch ein paar Unentwegte Wanderer in der Gipfelhütte, davor versammelt sich eine Familie Hanuman Makaken, den heiligen Affen der Insel (Im Tal haben diese Tiere Ihren eigenen Tempel!), ich möchte ein Foto. Der Anführer der Herde macht mir allerdings recht schnell und unmissverständlich klar, wie nahe ich an seine Weibchen kommen darf! Heh! Ich will wirklich nur ein Foto! Aus den Wänden eines erloschenen, Kraters sickert Wasser, es wird in allen erdenklichen Gefäßen aufgefangen – selbstverständlich Heilig! Es riecht nach Schwefel, das Wasser schmeckt entsprechend. Auf dem Weg nach oben sind wir an Kuhfladenähnlichen Lavaspritzern vorbei gekommen, wenn einem einer dieser Fladen frisch auf den Körper spritzt kann man sich die Beerdigung getrost sparen. Das Magma sucht sich immer wieder neue Wege aus dem Erdinneren, es gibt im Moment nur einen aktiven Krater, dem sollte man sich, aufgrund der austretenden Gase besser nicht nähern, nach dem tödlichen Unfall einer Touristin hat man es sowieso verboten. Der Guide passt auf! Als dann endlich die Sonne aufgeht ist die Aussicht auf die Kaldera überwältigend. Alte und neuere Lavaströme kann man an der Farbe unterscheiden, im Einbruchgebiet hat sich ein See gebildet, im Wasser spiegeln sich die Berge der Umgebung. Wir genießen die Stille, nur die Getränkeverkäufer stören. Zum Frühstück vergraben wir Eier und Bananen in ca. 10 cm Tiefe, Fünf Minuten warten, gar. Schmeckt etwas nach Schwefel, ist aber einzigartig. Bergab lassen wir uns über Aschefelder treiben, steil ohne Ende, man muss schon aufpassen, damit man nicht fällt Die Schlacke ist

Messerscharf, gut, dass wir keine Sandalen anhaben, so zerschneidet es nur das Leder der Schuhe.

Schon am nächsten Tag geht es nach Tana Lot, einem Tempel, der bei Flut auf einer Insel liegt, betreten für Nicht Hindus verboten, zu heilig für Ungläubige. Die Bucht hat man, in Ermangelung des echten Flusses, zum Ganges erklärt, eine Brücke hat Helmut Kohl errichten lassen, wenn man sehr früh am Morgen vor Ort ist sind die Touristenbusse noch auf dem Weg, man ist mit den Einheimischen allein, das Gewühle kommt später. Wir haben Glück, es herrscht Ebbe und dann ist die Schlangengrotte zugänglich. In dieser Grotte leben Seeschlangen, es geht die Sage, wenn die Schlangen weg sind versinkt die ganze Insel im Meer. Die Schlangen sind noch da! Im Eingangsbereich sitzt ein Einsiedler, der einen kleinen Obolus erwartet, dann ist man im Reich der Kriech- oder besser: Schwimmtiere. Das Procedere läuft dann Folgendermaßen ab: Man sucht sich im Schein der mitgebrachten Taschenlampe eine der Vertiefungen im Boden oder an den Wänden aus und greift ins Rot Weiß gestreifte Gewimmel, holt eine der Seeschlangen aus dem Knäuel und übergibt Sie an seine Lebensgefährtin, die dann empört meint: „Nicht so eine Kleine!" Also noch mal von Vorn und ein größeres Exemplar greifen. Dieselbe wird dann gestreichelt und wieder zu Ihren Artgenossen gesellt. Dann sucht man sich ein eigenes Tierchen aus, streichelt es und zurück damit! Laut Aussage der Einheimischen bringt das Glück im Leben. Sollten die Viecher giftig sein hoffe ich, dass das mit dem Glück sich nicht im „Nicht gebissen werden" erschöpft! Dann verlässt man die kleine Höhle. Genau gegenüber, unterhalb der Tempelinsel befindet sich noch ein sehr heiliger Ort, im Moment nur unter der Erde, bei Flut auch unter Wasser. Vor dem Eingang in die Unterwelt warten Mitmenschen, die einem bunten Reis auf die Stirn kleben, im Inneren befinden sich gleich zwei Süßwasserquellen, ein Schluck aus Diesen macht den Trinkenden um zehn Jahre jünger. Komisch nur, dass am Ausgang keine Windeln verkauft werden, sonst sind die Händler vor Ort doch recht geschäftstüchtig! Wir Beide haben jedenfalls streng darauf geachtet, nur soviel Wasser zu uns zu nehmen, dass wir die Volljährigkeit nicht unterschreiten! In Dreißig bis Vierzig Jahren müssen wir aber unter allen Umständen noch mal hier hin. Ich gehe mal davon aus, dass die Schlangen dann noch vor Ort sind und die Insel also nicht in den Fluten versunken ist!

Borneo in Vierzehn Tagen

Der malaysische Teil Borneos ist recht zivilisiert und daher auch in wenigen Tagen zu erkunden, (Wir hatten leider nicht mehr!) wer länger Zeit hat: Umso besser, es gibt noch soviel zu entdecken. Nichtsdestotrotz hier unser Reisetagebuch :

1. Tag: Noch sind wir zu Hause, 6.00 Uhr aufstehen, ganz wie an einem normalen Tag nur, dass wir Heute nicht zur Arbeit müssen. Es herrschen 6,6° C, wir haben September. Frühstücken, noch den Rest packen und schon um zwanzig vor Neun geht es per Micra ab nach Mönchengladbach. Nadin, meine Schwägerin, hat sich beim Puzzeln eine Bänderdehnung zugezogen, frag´ mich bitte Niemand, wie man so etwas macht? Mein Bruder Meinolf bringt uns zum Bahnhof und unser Auto auf einen sicheren Parkplatz für die nächsten Wochen. Den Inter Regio erwischen wir so gerade noch. In Köln steht der ICE am Gleis gegenüber. Wir haben das Glück, mit dem Kegelclub „Die Wasserbüffel" das Raucherabteil zu teilen – Ruhe ist was Anderes. In Frankfurt das richtige Terminal gefunden und eingecheckt, es ist noch Zeit für ein Weizenbier beim „Fly away" gegenüber vom Mc. Donald´s. Dann durch den Zoll in den Internationalen Bereich, noch ein paar Kippen in der Suchtecke und ab, per Boing 767, Royal Brunei Air. Die Stewardessen haben Ihre Tracht aus der Fernsehserie „Bezaubernde Jeanne" Nichtraucherflug war uns ja vorher klar, kein Alkohol versteht sich bei einer muslimischen Airlines auch von selbst, aber alkoholfreier Wein, was ist das denn? Traubensaft? Auf dem Monitor wird die Richtung nach Mekka angezeigt, an Bord befindet sich eine kleine Kabine, in der die Gläubigen Ihre Gebete verrichten können, ich stelle mir das Einhalten der Vorschriften recht schwierig vor, zumindest in den Kurven!

2. Tag: Kurz nach Mitternacht (Noch nach deutscher Zeitrechnung) werde ich wach, noch so um die 500 Km sind es bis Bangkok, dort werden wir eine Zwischenlandung machen, vielleicht dürfen wir ja von Bord, uns mal die Beine vertreten!? 8.50 Uhr (Bedingt durch 6 Stunden Zeitverschiebung), die Pause ist beendet, wir haben die Zeit genutzt, in der Raucherkemenate (Einem vollverglasten Räumchen mit altersschwacher Entlüftung, eine eigene Zigarette braucht man eigentlich nicht zu entzünden!) unserer Sucht zu frönen, 8900 Flugkilometer liegen hinter uns, laut Anzeige sind es nur noch 1861 Km bis zum Ziel. Nach der Landung versuchen wir, noch einen Anschlussflug Richtung Kota Kinabalu auf dem malaysischen, sprich: Bezahlbaren Teil der Insel, zu ergattern, nur noch über Warteliste, das ist mir bei zwei Leuten und nach einem so langen Flug zu unsicher, also entern wir eine Taxe und lassen uns für 30 US Dollar zum Hafen chauffieren. Mit 170 Stundenkilometern durch die Stadt scheint normal zu sein, nutzt uns aber leider nichts, wir müssen die Nacht auf der Insel Labuan verbringen, weil die nächste Fähre nach KK, wie die Eingeweihten Kota Kinabalu nennen, erst Morgen ablegt. Lara Hotel, Zimmer 208 kostet 155 RM, entspricht 40€ pro Nacht, inklusive Frühstück. Das Essen in den kleinen Restaurants ist dafür recht preiswert und, ich finde es lecker! 12000 Km haben wir nun innerhalb von 24 Stunden hinter uns gebracht, macht einen recht guten Schnitt. Noch was: Bei Ein- oder Ausreise wird in Brunei der Pass im Computer gescannt, das deutsche Ampelmännchen entscheidet dann über das weiterreisen oder dableiben.

3. Tag: Weckdienst funktioniert schon mal! Frühstück ist ganz in Ordnung, Fähre legt pünktlich ab, rauchen ist leider nur außerhalb der flugzeugrumpfartigen Fahrgastzelle erlaubt, man balanciert auf einem schmalen Steg ohne Absturzsicherung, die Gefahr des „Nasswerdens" ist allgegenwärtig (No risk, no fun!). Per Taxi zum Flughafen, Standby - Ticket (Diesmal trauen wir uns!) 18.15 Uhr, wir haben es, wider Erwartens, doch noch geschafft einen Flieger (Fokker 50) zu ergattern, kaum haben wir ein Ticket, werden wir auch schon namentlich aufgerufen, wieder ein Taxi, diesmal zur B&B Ressort am Sepilok Nationalpark, die Zimmer sind unter aller Kanone, es ist ein Fußmarsch von ca. einem Kilometer bis zum nächsten Hotel, aber ein Tropengewitter hält uns auf, Telefon gibt es Keines, dafür verfügt man über kaltes Bier. Wir laufen dann doch, leider hat man uns in die falsche Richtung geschickt. Wir finden trotzdem eine Möglichkeit zu übernachten, recht

basisches Zimmer, im Restaurant liegen Durians offen herum: Bei dieser Frucht scheiden sich die Geister, entweder man liebt Sie, oder man hasst Sie. Ich frage mich, wie man etwas essen kann, das riecht wie Hundesch…? Essen ist trotzdem ganz OK, vielleicht liegt es auch am Hunger. Nachts habe ich Ohrenschmerzen.

4. Tag: Umzug in ein besseres Hotel, leider habe ich meine Stirnlampe im Alten gelassen, wir sind zwar sofort zurück, aber da war Sie schon auf unerklärlichen Wegen verschwunden. Pech! 1,5 Stunden im Orang Uthan Ressort kosten 30 RM pro Person plus 10 RM für die Fotografier Erlaubnis. Dafür haben wir einen Schweineschwanzaffen und zwei Orangs in Ihrer natürlichen Umgebung ohne trennende Zäune bewundert. Der größere der beiden „Menschen des Waldes" macht der anwesenden Menschenhorde unmissverständlich klar, wer hier das Sagen hat, ist soweit ganz lustig, bis er mir Seine Hauer zeigt – OK, Du bist der Herr. Vielleicht lächelt er auch nur? Die Vorschriften für das Benehmen im Park gelten jedenfalls nur für nicht baumbewohnende Menschen, da die genetische Ähnlichkeit sehr hoch ist, können die Orang Uthan leider auch unsere Krankheiten bekommen! So ist, neben dem Verlassen der Holzstege, auch das spucken und das essen mitgebrachter speisen, ganz abgesehen vom füttern der Waldbewohner strengstens verboten!

Bei manchen Schmetterlingen muss man zweimal hinschauen, um Sie von den Vögeln zu unterscheiden, nicht umsonst nennt man Sie „Vogelfalter". Wir gehen dann noch in einem kleinen Laden etwas einkaufen, um dann auf den, Buchstäblich, letzten 100 Metern bis auf die Haut nass zu werden, der tägliche Wolkenbruch findet halt immer so gegen 18.00 Uhr statt! Wir essen etwas, das so Ähnlich wie: „Spieg" heißt, Marion schmeißt sich vor lauter Hektik das Eis aus dem Tee neben den Mund („Spieg" ist etwas scharf!) Manchmal wünsche ich mir eine Videokamera!

Info Sepilok: 1964 gegründeter, 4000 Hektar großer Park, die Orang Uthans sind meist ehemalige „Haustiere". Erwischt man die Herrchen, werden die Tiere konfisziert, spätestens mit erreichen der Flegeljahre geben die Besitzer Ihre „Kuscheltiere" meist freiwillig bei der Parkverwaltung ab, nach Gewöhnung an die Freiheit und den neuen Lebensraum steht den Menschenaffen der Weg aus dem Park offen, Zäune gibt es nicht!

5. Tag: Nach dem Frühstück mit dem Bus nach Sandokan, so gerne ich auch mit Bussen und Bahnen unterwegs bin, hier sind die Flugpreise nur unwesentlich teurer als der Bustransfer und dann sind die Flüge auch noch mit der „Air Malaysia", meiner

Meinung nach einer der besten Airlines der Welt. Aber so kurze Strecken bewältigen wir dann doch mittels Bus. Wir unternehmen einen Stadtbummel in der sehr ansprechenden Ortschaft, Klamotten sind recht preiswert und wir decken uns ein. Wir besichtigen eine Krokodilfarm mit angeschlossenem kleinem Zoo. Die Farmen sind überall anzutreffen, man züchtet die Krokodile des Leders wegen. Auf diese Art werden der Natur keine Tiere mehr entnommen, gut betuchte Herrschaften können sich mit exklusivem Leder kleiden und die Einheimischen kommen zumindest zu bescheidenem Wohlstand Wenn man einen Schweinemastbetrieb in Deutschland besucht hat, fällt die Kritik an Einrichtungen, wie dieser Kroko-Farm wahrscheinlich etwas verhaltener aus, immerhin schützt Sie den wildlebenden Bestand.

Marion füttert selbstverständlich alle Tiere, eingeschlossen der Panzerechsen, versteht sich! Bis zu Sechs Meter messen die Monster in den Gehegen, manche Exemplare sind nur zur Zucht bestimmt und werden Uralt, auch hier! In freier Wildbahn möchte ich mit diesen Biestern nicht unbedingt Bekanntschaft machen! Morgen fahren wir nach Turtle Island, wo Sie die Familie Wallert damals entführt haben. Marion meint, Ian von der Fernsehserie Lonely Planet am Nachbartisch erkannt zu haben, wir lassen ihm seine Ruhe! Unsere Balkonbeleuchtung lockt am Abend jede Menge Nachtgetier an, die Geckos freuen sich.

6. Tag: Der Wecker hat nicht funktioniert, meine innere Uhr schon. Pünktlich zum Frühstück, per Kleinbus zum Hafen, (Nachdem der Fahrer die Durians aus der Fahrgastzelle verbannt und an der Stoßstange befestigt hat! Eine Stunde Bootsfahrt und wir erreichen die winzige Insel mit Aussicht auf die Philippinen.

06°10,418Minuten Nord
118°3,602Minuten West

jedenfalls steht es so auf dem Holzschild an der Anlegestelle. Die Unterkünfte entpuppen sich als recht gemütliche Holzbauten mit jeweils Vier Parteien. Man warnt uns davor, die steinige Südseite des Eilandes zu bewandern, es gibt dort viele Giftschlangen! Wenige Minuten später rauche ich mit den an der besagten Südseite Wache schiebenden Soldaten eine Zigarette. Die Insel wird schwer bewacht, so etwas, wie eine Entführung soll hier nicht mehr vorkommen. Eine knappe halbe Stunde braucht man zur gemütlichen Umrundung, besonders groß ist die Insel nicht. Die Strände sind nicht sonderlich breit, dafür herrscht in der Sulu-See Badewannentemperatur! Wir plantschen, bis unsere Haut ganz schrumpelig ist! In Strandnähe lohnt das Schnorcheln nicht und weiter draußen sollen sich Haie herumtreiben. Flaschentauchen wird leider nicht angeboten.

Gegessen wird im Restaurant mit Vorbestellung, die Preise sind ganz in Ordnung, das Angebot auch. Unsere Zimmer sind sauber und selbst eine Klimaanlage ist vorhanden. Bei den momentan herrschenden Temperaturen eine Wohltat. Nach dem Abendessen genehmigen wir uns noch ein Bier in Strandnähe, mit Anbruch der Dämmerung sind die Strände ohne Guide Tabu! Alles zum Schutz der Meeresschildkröten. Wir dürfen einen spektakulären Sonnenuntergang genießen, das Meer leuchtet in allen Farben, in der Ferne wütet ein Gewitter, es ist begrenzt, wir kriegen das Schauspiel mit, ohne nass zu werden. Dann kommt der erhoffte „Turtle Alarm". Eine Grüne Suppenschildkröte hat man diese Nacht zur Beobachtung der Eiablage ausgesucht. Jede Nacht dürfen die Anwesenden Gäste eines der Tiere aus nächster Nähe bestaunen, es kommen immer so um die Zehn! Man wartet, bis das Tier seine Mulde geschaufelt hat, während des Legens fällt das Muttertier in eine Art Trance, dann können die Gäste kommen! Blitzen ist verboten, mein Nachtsichtgerät erweist sich als sehr geeignet (E-Bay sei Dank!) Die Ranger haben so ein Gerät noch nie gesehen, wäre was für Sie und auch die Wachsoldaten hätten Ihre Freude daran, könnte ich mir denken. Über einen Meter Panzerlänge hat „unser" Exemplar, ganz schön stattlich! Dafür legt das Tier denn auch 101 Eier. Man lässt es zwar seine Legemulde wieder ordentlich zuschaufeln, allerdings hat man die Pingpongballgroßen Eier vorher entfernt, um Sie an einer geschützten Stelle im Inselinneren wieder zu vergraben, da die Temperatur während des Brutvorganges über das künftige Geschlecht der Schlüpflinge entscheidet, befinden sich einige der Gelege mehr im Schatten, Andere eher in der Sonne, man möchte das natürliche Verhältnis Männchen / Weibchen nicht zu sehr beeinflussen, Männchen werden nicht so viele benötigt! Es dauert etwa zwei Monate, bis sich die Schlüpflinge aus dem Ei und anschließend aus dem Sand befreien.

Zur Gaudi der anwesenden Touristen darf jeder ein Ei in die Hand nehmen. Wir haben dann sogar noch das Glück, frischgeschlüpfte Nestlinge in das Meer zu entlassen, das aus den Winzlingen auch mal so imponierende Tiere werden sollen ist kaum vorstellbar, aber kommende Generationen können sich in Fünfzig Jahren vielleicht daran erfreuen, wie eines unserer Babys seine Eier am Strand ablegt! Viele werden nicht überleben, nur 2%

erreichen die Geschlechtsreife, dann allerdings können Sie über 100 Jahre alt werden.

7. Tag: Schon früh am Morgen Fünfzig Minuten Bootsfahrt, anschließend für 25 RM zum Airport, ausgemacht war, dass der Transfer im Preis enthalten war, aber für Streit habe ich keinen Sinn. Eine Twin Otter befördert uns nach „KK" Wir müssen mit unserem Handgepäck auf das Wiegeband hüpfen, die Tragfähigkeit des Fliegers ist halt begrenzt! Frühstück erst im Abflugterminal, Nudelsuppe mit Meeresfrüchten. Das Flugzeug ist nur halb voll, bis zur Zwischenlandung, dann sind wir mit den Piloten allein. Die Pause am Boden verlängern wir in Absprache mit den Flugzeugführern um eine Zigarettenlänge. Hat was, so das Gefühl von Luxus! Mit dem Taxi in die Stadt, für den nächsten Tag wieder einen Flug buchen, mehrere Hotels für schlecht befinden, schließlich für „Ang´s Hotel" entscheiden, wir wohnen im Vierten Stock mit Aussicht über die Stadt. Das erste Zimmer, in dem auch offiziell geraucht werden darf! „KK" ist eine moderne, sehr saubere Stadt mit mehreren riesigen Kaufhauskomplexen, in Einem verläuft sich Marion eine geschlagene halbe Stunde lang, weil Sie einem nackten Straßenkind Klamotten besorgt hat, mit dem Erfolg, dass das kleine Mädchen mittlerweile unauffindbar ist. Wir nutzen den Tag, um Ausgiebig durch die Einkaufszentren zu wandern, am Abend noch in einem schönen Kaffee mit dreckigem Damenklo, ich muss das stille Örtchen vor Gebrauch für meine bessere Hälfte inspizieren. (Das der Herren ist komischerweise recht sauber!) auf ein Bier und früh in die Falle.

8. Tag: 1x Taxi, 1x Fokker 50 bis Miri, erneut einchecken und Twin Otter bis zum Mulu Nationalpark. Schöner Flug, nur Vier Gäste an Bord, grandiose Aussicht über den Dschungel, wenn einer ein Fotomotiv verpasst hat fliegen die netten Piloten auch noch mal eine Schleife, das nenne ich Service! Minibus zum „Royal Mulu Ressort", mit 195 RM inklusive Frühstück das bisher teuerste Hotel, allerdings haben wir auch einen riesigen Raum mit allem Komfort! Inklusive Aussicht auf gepflegte tropische Vegetation. Alle Zimmer stehen auf Pfählen im Park, verbunden durch breite Stege, man kann unter Anleitung in Kalksteinhängen klettern üben, das Ressort verfügt über ein anständiges Restaurant und sogar über einen Swimming Pool! Sogar über einen Fernseher verfügt unser Etablissement, fehlen nur noch deutschsprachige Sender! Ich habe vorsichtshalber mit Kredit Karte bezahlt, bei drei Nächten immerhin 140€. Zwischen den beiden Malaischen Landesteilen Sabah und Sarawak befindet sich eine Grenze mit

56

Zollkontrolle, man bekommt sogar einen neuen Stempel in den Pass. Die Aufenthaltserlaubnis wird automatisch von drei auf einen Monat verkürzt, egal, so viel Zeit haben wir ja leider sowieso nicht zur Verfügung. Das einchecken im Hotel war recht mühselig, die Dame hinter dem Tresen kann leider kein Englisch, immerhin kann ich den Preis von normalerweise 260RM auf 195RM herunterhandeln und man hat mir versprochen, sich morgen (Montag) um eine Bootsverbindung zurück nach Miri zu kümmern, laut Reiseführer soll so etwas möglich sein. Wäre mal was Anderes nach den vielen Flügen! Wir erkunden eine kleine Höhle genau gegenüber unserer Unterkunft, Alles steht hier auf Stelzen, selbst die Wege, aber man kann über abenteuerliche Hühnerleitern absteigen. Anschließend wandern wir durch die recht weitläufige Anlage, sehen bei Dunkelheit einer Fledermausfütterung in Form einer Laterne zu, (Der Lichtschein lockt Massen von Insekten und damit die Flattertiere an) und tun uns am Buffet gütlich: Echt zu empfehlen! Auf dem Rückweg werden wir von Insekten angesprungen, sehen aus wie unsere Stubenfliegen, sind aber gute Zehn Zentimeter groß und machen einen Heidenlärm.

9. Tag: Das Frühstücksbuffet war schon mal echt Klasse! Wir wandern zu den „Hot Springs", schwefelhaltigen, heißen Quellen inmitten eines kalten Baches, mit Brettern eingefriedet und Sie kosten Eintritt! Die Bewohner eines nahgelegenen Langhauses verdienen sich ein kleines Zubrot. Es riecht nach verfaulten Eiern! Schwefel! Nachmittags erst mit dem Hoteleigenen Minibus zum Haupteingang des Nationalparks, über eine Hängebrücke und einige Kilometer Bretterpfad (Sehr gepflegt und so breit, das die Ranger mit Ihren Mopeds darüber brausen können!) zur „Deer Cave", einer riesigen Höhle, in der Millionen von Fledermäusen hausen. Wir waten durch Guano, Marion im vollen Regenzeug, man hat Angst, dass die Tierchen alle auf einmal Ihr Geschäftchen erledigen. Ich gehe das Risiko einer Pipidusche ein, wir sind in den Tropen, mit den dementsprechenden Temperaturen. Der Geruch nach Ammoniak verschlägt einem den Atem, ich hoffe, es ist nur Wasser, was mir da gerade in den Nacken tropft! Nebenan liegt die „Long Cave", eine imponierende Tropfsteinhöhle, auch diese besichtigen wir noch. Da wir dummerweise nur eine einzige Flasche Wasser mit auf den Trip genommen haben und es vor Ort komischerweise keines zu kaufen gibt, mache ich mich alleine auf den drei Kilometer langen Weg zum nächsten Kiosk am Haupteingang und decke uns mit genügend Trinkbaren für die

nächsten Stunden ein. Mit Einbruch der Dunkelheit sollen nämlich alle Flattertiere die Deer Cave auf Nahrungssuche verlassen, dieses Schauspiel wollen wir bestaunen. Ich fange eine winzige Fledermaus mit der Hand, das Monster versucht mich zu beißen, ist aber nicht stark genug , das war es dann aber mit den geflügelten Mäusen, kein Ausflug Heute. Also zurück zum „Main Entrance", das Warten auf den Shuttle zum Hotel nutzen wir, um noch ein Bier zu trinken und schon sind wir wieder im Ressort. Die großen „Stubenfliegen" von Gestern sind allgegenwärtig, nur in den Speisesaal wagen Sie sich nicht. Leider ist Heute kein Buffet angesagt, also A´ La Carte. Marion entscheidet sich für ein Steak mit, echten, Pommes Frittes, ich nehme Nudeln mit – Ähh – Keine Ahnung, aber es schmeckt. Anschließend verlassen wir den Bezirk über die Flussbrücke, um in einer Einheimischen Bar noch einen Reiswein zu trinken – schmeckt nach dem zweiten Glas gar nicht mehr so übel. Dazu gibt es eine Spezialität des Sarawak: Cookies mit (Viel) schwarzem Pfeffer: Muss man probiert haben!
10. Tag: Ich ziehe nach dem Frühstück alleine los, Mini Bus zum Headquarter und dann, jedenfalls, wenn man den Schildern trauen kann, 3,8 Kilometer über Betonwege und Plankenpfade. Es fängt recht harmlos an, aber dann geht es Hunderte von Stufen hinauf und hinab zur „Moon Milk Cave". Ich bin alleine, aber in der schönen Tropfsteinhöhle, die einen recht passenden Namen Ihr eigen nennt, gibt es sogar Lichtschalter, ich kann mir die „Mondmilch" also mit Beleuchtung anschauen! Wieder etliche Treppen weiter öffnet sich die „Wind Cave": Am Eingang stehen Führer bereit. Eine Halbe Stunde dauert die Tour durch riesige Tropfsteinkammern mit unwirklich erscheinenden Stalagmiten und Stalaktiten! Vierzig Jahre soll es dauern, um einen Zentimeter Tropfstein aufzubauen, Meterhoch türmen Sie sich auf dem Boden, oder hängen vom Höhlendach herab. Weiter geht es am Hang entlang und, natürlich auch bergauf zur „Clearwater Cave". Die vor Ort installierte Toilette ist etwas undicht, die Vogelfalter sind begeistert von der Mineralien Lecke! Noch mal klettern, der Eingang liegt recht hoch in der Steilwand. Die Grotte wird von einem unglaublich klaren Bach durchflossen, trotz des relativ großen Andrangs habe ich manche der Hallen denn doch für mich allein. Für den Rückweg wähle ich die bequemere Form der Fortbewegung und lasse mich mit einem Boot zurück zum Hauptquartier bringen. Der Clearwater River legt 120 Km unterirdisch zurück und wird durch den Kalkstein gefiltert, außerdem kommt Er nicht mit dem üblichen braunen Schlamm in

Berührung, der die anderen Flüsse einfärbt, eine Folge des Raubbaus am Urwald. Sein Wasser ist kristallklar, der Fluss trägt seinen Namen zu Recht!

Wir teilen uns das Langboot zu Viert, der Fluss ist nicht besonders Wasserreich und so schrammt der Boden des Öfteren mit einem ekelhaften Geräusch über den steinigen Grund, einmal sind wir kurz vor'm Kentern, aber wir kommen doch heil und trocken an. Das Beste: Ich brauche nicht zu laufen!

Es ist nun 13.15 Uhr und ich trinke am Headquarter noch einen Tee, ich habe von einer zweiten Airlines erfahren (Hornbill), da es sich als nahezu unmöglich erwiesen hat, den Park über den Wasserweg zu verlassen, muss ich mich um Tickets für den Rückflug nach Miri kümmern. Am Flughafen verspricht man mir zwei Plätze in der Maschine, morgen um 14.00 Uhr. Der Minibus des Ressorts nimmt mich mit nach Hause, gewandert bin ich Heute schon genügend! Eine Stunde Augenpflege auf dem Zimmer und ab geht es zum „Amphitheater", mal sehen, ob die Fledermäuse Heute fliegen!? Wir können einen Baum voller kleiner Affen in Fernglasnähe bewundern, aber es zeigt sich keine fliegende Maus, wenn es nach Regen aussieht bleiben die Tiere in Ihrer Höhle, hat man uns erzählt. Es sieht nicht nach Regen aus, nutzt aber nichts. Wir geben erst nach Anbruch der Dunkelheit auf, zurück über 3 Kilometer Planken, der Minibus wartet. Abendessen, so Lala, am Fluss.

11. Tag: Nach dem Frühstück ersteige ich die Felswand gegenüber des Hotels, es führt eine, wenn auch steile, Straße hinauf und genieße die Aussicht auf das Ressort, von meinem Standort aus kann man die enorme Ausdehnung der ganz aus Holz gebauten Anlage überblicken.

Um Neun Uhr habe ich die Rechnung beglichen, treffe Marion auf einem Steg und ab geht es zum Flughafen. Flug mittels Twin Otter nach Miri, wir überfliegen noch mal unsere Unterkunft der letzten paar Tage und können diverse Grotten aus der Luft ausmachen, war eine schöne Zeit! Gunung Mulu Nationalpark: Erst im Jahr 1977 wurden diese riesigen Höhlensysteme entdeckt, mit dem größten natürlichen Höhlenraum der Welt, 600 Meter lang, 450 breit und 100 Meter hoch! Seit Ende 1985 ist der 530 Quadratkilometer große Park auch für die Öffentlichkeit zugänglich.

Taxi in die Stadt, auf Anhieb ein ansprechendes Hotel zu einem vernünftigen Preis gefunden. Alles im Lot. Bummel durch die Kaufhäuser, Marion entdeckt ein Mc. Donalds, ich esse lieber in einem Foodstall am Straßenrand. Wir begeben uns, bewaffnet mit zwei Flaschen „Danish Royal Stout" in unser Zimmer, die Flüge für Morgen sind bestätigt, ich habe mir, wie auch immer, eine leichte Erkältung eingefangen, dafür tut mein Ohr nicht mehr weh. Schade, dass es mit dem Fledermausflug nicht geklappt hat, dafür haben wir jede Menge bunter Vögel und sogar zwei riesige Tukane bewundern dürfen.

12. Tag: Frühstücksbuffet im „Mega Hotel" aufgetan, mit dem Taxi zur zweiten Krokodilfarm der Tour, natürlich auch wieder mit angeschlossenem Kleinzoo, wir drücken Gibbons und Kleinottern die Hand, warten auf eventuell doch noch ankommende Busse, die uns zurück in die Stadt befördern, finden eine tote, bereits mumifizierte Schlange am Straßenrand, die Sonne brennt unbarmherzig auf uns nieder. Wir teilen uns mit anderen Reisenden ein Taxi. Essen wieder getrennt, ich kann mich immer noch nicht mit amerikanischem Fast Food anfreunden, das asiatische ist um Klassen besser und dazu auch noch billiger! Mit den obligatorische zwei Flaschen Stout aufs Zimmer.

13. Tag: Wenigstens zum Frühstück im Foodstall kann ich Marion überreden, es ist am frühen Morgen, für einen Mitteleuropäer ja auch gewöhnungsbedürftig, Nudelsuppe zu sich zu nehmen. Ich

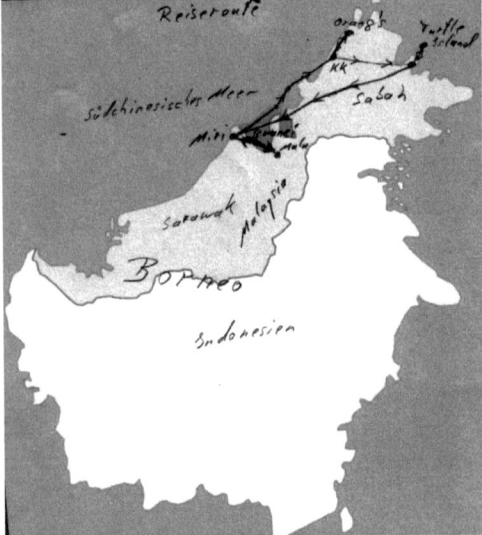

liebe es! Noch mal 50 US Dollar in Ringit tauschen, Ein Taxi, Vier Busse und eine Fähre, plus einen kleinen Unfall: Marion hat ein Loch im Straßenbelag übersehen und knallt auf Ihr Knie, bedingt durch den Rucksack wird der Aufprall etwas härter, armes Mädchen, humpelt jetzt zwar, hält sich aber ganz tapfer! Wir wohnen im „Brunei Hotel" mitten in Bandar Seri Begawhan, der Hauptstadt, hier unter „BSB" bekannt, man liebt es, den Städten Abkürzungen zu verleihen, kein Wunder, bei den ellenlangen Namen! Wir haben auch bisher auf dem Trip in luxuriösen Hotels genächtigt, aber das Ding toppt Alles, auf den Fluren liegen Teppiche aus, in denen man bis zum Knöchel versinkt. Essen im „Food Court", einem Schnellrestaurant auf Brunei Art, sauber, gepflegt, geradezu steril. So etwas wie fahrende Küchen gibt es leider nicht, aber es schmeckt wenigstens. Weckauftrag für Morgen früh, sehr früh, ist gestellt und wir haben schon ein Taxi gebucht. Wir wandern durch die, leeren Marktbuden auf der anderen Seite des Kanals und brausen mit dem Motorboot durch das Wasserdorf. Auch in anderen Teilen Asiens habe ich diese Dörfer gesehen, die man auf Stelzen in die Lagunen baut, dort werden Sie allerdings meist von den ärmeren Schichten bewohnt, Brunei ist reich, da wohnt man etwas weniger bescheiden. Die Läden haben meist geschlossen, es ist Freitag und wir sind in einem muslimischen Staat, wir trinken auf dem Zimmer noch einen Weinbrand mit Cola (Noch von Zuhause!) und versuchen ein wenig zu schlafen.

14. Tag: Viel zu früh aufstehen, Tee trinken, das letzte Pfefferplätzchen dient als Frühstück, bezahlen und schon bringt uns das bestellte Taxi zum Airport. Drei Stunden später sitzen wir im Flieger:Tschüß Borneo, war eine schöne Zeit, wenn auch viel zu Kurz! Wir kommen wieder!

Sind wir schon gestartet?

Reisetag, endlich wieder! Um sechs Uhr in der Frühe röhren diverse Wecker. 5,8° C herrschen draußen, wir haben November. Gepackt habe ich gestern schon, also nur kurz frühstücken und pünktlich um Sieben Meinolf anrufen, damit ich um Acht wegkomme. Autofahrt zum Düsseldorfer Flughafen, Nebel, Nieselregen: Deutsches Wetter! 8.45 Uhr: Tschüß Meinolf. 9.10 Uhr: Eingecheckt, gegen 10.00 Uhr soll ich in der Maschine sein. Ein sauteurer Pott Kaffee im internationalen Bereich, noch ist das rauchen erlaubt! Laut Bodenpersonal der Continental Airlines darf ich den Flughafen in New York verlassen, ich muss nur mein Gepäck persönlich auf das Fließband der nächsten Destination stellen. 10.10 Uhr Gate 30, den Sicherheitsmann haben meine diversen Stempel aus dem arabischen Raum irritiert, blöde Frage: „Was haben Sie im arabischen Raum gemacht?" Was schon? Nach einer terroristischen Ausbildung wäre mein Pass jungfräulich! Zumindest die beiden Seiten mit dem Syrischen Visa wären verschwunden! Mal sehen, ob das auch im Big Apple für Aufsehen sorgt. Ich bin zwar, abergläubisch wie ich nun mal bin, durch Eingang Nummer 13 in das Gebäude eingefallen, trotzdem hat schon der Erste Start der Reise ca. 30 Minuten Verspätung. Ich habe doch den Flieger schon am Schlauch gesehen! Harry hat Hunger! Niemanden hat es gestört, dass mein Sicherheitsaufkleber am Handgepäck verlustig gegangen ist, warum muss ich dann dafür Gebühren blechen?

Acht Stunden dauert der Flug mit der DC 10, 6044 Kilometer müssen bewältigt werden, ohne Nikotin! Take off um Dreizehn Minuten vor Zwölf, sehr ruhiger Flug, nur die Durchsagen des Bordpersonals sind so laut, dass mir fast die Ohren wegfliegen. Relativ pünktliche Landung in der Nähe von New York, Stempel in den Reisepass, niemand bemerkt die Arabischen, warten an der Gepäckausgabe, Rucksack in Empfang nehmen, auf das Förderband in Richtung Süden stellen und den Flughafen verlassen. Direkt vor der Türe die Erste Kippe seit Stunden zwischen die Lippen stecken – wie so ungefähr zwei Drittel der Anderen Fluggäste auch – und für 10 US Dollar einen Bus nach Manhattan besteigen. Durch den Holland Tunnel in die Straßenschluchten dieses Mollochs eintauchen. Beim Chinesen stille ich erst mal meinen Hunger. Planloses wandern durch die Stadt, die Grand Central Station ist schon beeindruckend, der Straßenverkehr geradezu chaotisch: Quietschende Reifen und Dauerhupen gehört wohl zum guten Ton. Sirenengeheul wird von den Wänden der Wolkenkratzer reflektiert, in den Straßen von New York wird es eine Stunde früher dunkel, dafür ist der Time Square bei Nacht eine Orgie aus Licht. Ich muss versuchen, meinen Bus zurück nach Newark zu erwischen, wer weiß, in wie viel Staus wir auf der Rücktour geraten!?

Erfolg: Ich bin geschlagene Drei Stunden zu früh vor Ort. Meine Bordkarte habe ich ja schon, muss also nur noch auf den Aufruf warten. So langsam macht sich Müdigkeit in meinen Knochen breit. In den diversen Läden werden Parfums und alle möglichen elektronischen Spielereien angeboten, auch Spirituosen sind im Überfluss in den Schaufenstern ausgestellt, Alles Dinge, für Die ich im Moment nicht das geringste Interesse aufbringen kann. Auch die große Auswahl internationaler Zeitschriften kann mich nicht begeistern, ich befürchte einzuschlafen, egal wie fesselnd die Reportage auch sein sollte! Dieses blöde Rauchverbot zwingt mich mehrmals dazu, den internationalen Bereich zu verlassen und an den Riesenaschenbecher zu gehen: In einer Nische zwischen zwei Gebäuden hat man einen Springbrunnen installiert, dessen Wasser im Laufe der Zeit durch Zigarettenkippen ersetzt wurde. Trotz der Eiseskälte ist der Brunnen dauernd belagert, Passagiere, Angestellte des Flughafens, Stewardessen, Piloten: Sie alle sorgen dafür, dass das Becken niemals Gefahr läuft „auszutrocknen".

Die Zöllner vor dem internationalen Bereich kennen mich schon, was Sie nicht davon abhält, meine Tasche bei jedem Wiedereintritt aufs Neue zu Röntgen. Ich kenne mittlerweile alle Läden, inklusive der Preise, ernähre mich von Kaffee und hoffe darauf, endlich an Bord der 757 zu dürfen.

22.30 Uhr (Ortszeit, man beachte bitte die Zeitverschiebung!): Geschafft! Ich hätte mich in den letzten Stunden nicht hinsetzen können ohne den Flug zu verpassen.

Das nächste, was ich registriere ist: Eine Stewardess fragt mich, ob ich etwas zu trinken möchte, wir sind über Mexiko. Ich werde den nächsten Tag in Lima verbringen.

Camino des Inkas

Ausgangspunkt für den „Weg des Inkas" ist Cusco, der Nabel der Welt, jedenfalls für die Inkas! Man kann den Weg ohne weiteres alleine bewältigen, aber ich wähle die bequemere Form des organisierten Wanderns. Sprich: Mit Trägern, Verpflegung und Guide. Man gönnt sich ja sonst nichts! Die Leute im Hotel passen auf den Großteil meines Gepäcks auf, mein Rucksack ist für das bisschen Gepäck, das ich für unentbehrlich halte etwas überdimensioniert, aber Anderen geht es Ähnlich. Siebzehn Touristen zählt unsere Gruppe, dazu kommen der Führer und sechs einheimische Träger. Früh um Sieben werde ich am Hotel abgeholt, zwei Stunden dauert die Busfahrt zum Ausgangspunkt der Wanderung, unterbrochen von einer Frühstückspause die unser Fremdenführer zum Einkaufen der Verpflegung nutzt. Es geht gleich zwei recht brutale Steigungen hoch, noch bevor wir den Eingang des Nationalparks erreichen. Kaum angekommen fängt es auch schon an zu regnen. Wir nutzen die Zeit, in der der Eintritt bezahlt wird zum Mittagessen. Träger wäre nicht gerade mein Traumberuf! Bepacken sieht ungefähr so aus: Eine Decke wird auf dem Boden ausgebreitet, Verpflegung, Kocher, Zelte, Isomatten und so weiter werden auf derselben verteilt und aus dem Ganzen ein recht imposantes Bündel geformt. Der arme Träger legt sich auf dieses, man verschnürt das Ganze nahezu untrennbar, Drei Leute helfen dem Mann auf die Beine, schubsen Ihn an und er trabt los! Das Ganze auf Flip Flops und es geht in über 5000 Meter Höhe! Wer jetzt meint, die Touristen müssten auf die Träger warten, der irrt! Manchmal trifft man auf der Passhöhe einen der Leute, wenn er an einer Mauer gelehnt Zigarettenpause macht! Wenn man dann am Etappenziel ankommt haben die Mitmenschen schon die Zelte aufgebaut und sind dabei, das Abendessen zu bereiten! Bewunderung macht sich breit! Dreizehn Kilometer ist unsere heutige Strecke, eben ist es nicht gerade, es geht über Stufen ohne Ende, Inkas müssen Drei Meter hoch gewesen sein, wenn man diese Stufen als Maßstab nimmt! Es geht durch Rhododendron Wälder, leider ist nicht die Zeit der Blüte, das muss bei den baumhohen, flechtenbehangenen Gewächsen traumhaft aussehen. Ich hatte anfangs befürchtet, das man auf das wandern in der Gruppe bestehen würde, aber schon nach relativ kurzer Zeit geht jeder in seinem Trott. Bei Pässen weit jenseits der 4000 Meter wird das Atmen zusehend schwerer, was für eine Leistung die Besteigung eines Achttausenders bedeutet? Ich bekomme eine leise Ahnung und meine Bewunderung wächst, von Höhenmeter zu Höhenmeter! Am späten Nachmittag kommen wir in unserem Camp an, die Träger sitzen schon beim Bier, das Abendessen ist bereitet und die Zelte stehen, die Bewohner des nahen Dorfes verkaufen kalte Getränke, der Führer verliest die Zeltbelegungspläne: Schön nach Geschlechtern getrennt, wir sind in einem streng katholischen Land! Dumm nur, dass „Dominic" ein französischer Männername ist, man hatte ein Mädchen vermutet. Nach kurzem Gelächter wird der Irrtum dann behoben, Dominic findet es schade!

Die Nacht ist nicht gerade erholsam, die Muskeln schmerzen, auch, wenn man darauf geachtet hat, dass wir unterhalb von 4000 Metern campen ist die Luft doch recht dünn, Hunde, Hühner, Enten, Katzen machen Lärm, (Schon mal einen Esel in der Nacht röcheln gehört?) dazu der nahe, rauschende Fluss und ab Vier Uhr in der Frühe wacht das Dorf auf, dazu kommt der, trotz Isomatte, knallharte Boden, ich bin gerädert.

Schon zum Frühstück die erste Tasse Mate de Koka, aufgebrühte Koka Blätter sollen gegen die Höhenkrankheit helfen, ich weiß nicht, ob es stimmt, jedenfalls bin ich verschont geblieben, mehr als Fünf Tassen täglich kriege ich allerdings nicht herunter. Zur Beruhigung aller Moralapostel: Für ein Gramm reines Kokain benötigt man mehr als 50 Kg des Blattgutes!

Und schon geht es wieder los, durch die Erfahrung des letzten Tages wandern wir vor den Trägern los, unterwegs werden wir ja doch wieder überholt! Deprimierend eigentlich! Man wandert für sich allein, die Stille ist manchmal Ohrenbetäubend, die Landschaft einfach grandios und der Rucksack füllt sich während des Marsches langsam mit Blei. Bei aller Anstrengung bleibt Zeit zur Muße, man bleibt zwischen zwei endlosen Folgen von Stufen stehen und genießt die Aussicht, während man verzweifelt versucht, den Herzschlag und die Atmung wieder auf ein vernünftiges Level zu bringen. Tiere sind selten in dieser Höhe, nur Vögel sieht man ab und an, dafür ist die Pflanzenvielfalt erstaunlich groß! Ich entdecke viele recht kleine, mir völlig unbekannte Arten, mag sein, dass es Sie zu Hause auch gibt, aber da laufe ich meist nicht so gebückt. Ich habe herausgefunden, dass man zügiger vorankommt, wenn man sehr langsam, quasi von Stufe zu Stufe kraxelt. Wenn es bergauf geht freue ich mich auf den Abstieg – und umgekehrt! Ein Schwarm grüne Papageien fliegt kreischend vorbei, Kolibris umschwirren Blüten von wunderschönen Blumen, deren Namen ich nicht kenne, Japaner laufen vorbei, es scheint im Moment für dieses Volk Pflicht zu sein, diesen Weg gemeistert zu haben: Hallo, es gibt keinen Preis zu gewinnen und auch keinen Stempel in den Pass! Zur Mittagspause findet sich Alles ein, was gerade unterwegs ist und der Platz ist das reinste Schlammloch. Es gibt, so unglaublich es sich auch anhört Toiletten vor Ort! In den Vorräumen haben sich unsere Köche breit gemacht und das Essen brodelt schon in den Töpfen.

Nachts teile ich mein Zelt mit Daniel, wir haben regelrecht Platz, letzte Nacht waren wir noch zu Dritt auf dem gleichen Raum. Mein Rum wird dankend angenommen, es ist kalt. Dominic hat sein eigenes „Zelt", mehr eine geniale Konstruktion aus Schlafsack und Zelt, geatmet wird über eine Art Schnorchel, nichts für Leute mit klaustrophobischen Ambitionen!

Schon um Sechs sind wir wieder auf den Beinen, Leute: Ich habe Urlaub! Frühstück ist diesmal nicht der Rede wert! Es geht sofort steil bergauf und danach ebenso steil wieder hinab, wir entdecken einen verlassenen Bauernhof und mehrere Ruinenstädte, wie zu Zeiten der Inka üblich, aus riesenhaften, teilweise polierten Felsquadern errichtet, ich habe ja schon bemerkt: Die Leute müssen riesig gewesen sein, wie haben die Spanier ein Volk mit derartigen Fähigkeiten nur besiegen können? Der Weg führt durch Bambushaine und verwunschene Wälder aus Flechten und Moosbehangenen Rhododendren. Man erwartet an jeder Ecke Feen oder Gnome: Einmalig! Wir sind in den Wolken und es tröpfelt beständig, aber es geht bergab. Das Unterholz neben dem Weg ist nahezu undurchdringlich, ganz davon abgesehen, das es nahezu senkrecht in die Tiefe geht, wenn man denn vom rechten Pfad abkommt! Überall sind Orchideen, leider nicht in Blüte, kleine, gelbgrüne Vögel umschwirren uns und dann taucht endlich das ersehnte Toilettenhaus in der Ferne auf, die Köche sind schon voll in Aktion! Schade nur, dass es nieselt und der Nebel um uns wabert, aber ich glaube, im Nebelwald gehört das einfach dazu! Nach dem Essen geht es gestärkt wieder an den Aufstieg, 3900 Meter hat die Passhöhe, gestartet sind wir bei knapp 3000! Es ist wie im Wunderland, zeitweise vergesse ich, dass ich bergauf wandere, man gewöhnt sich langsam an die Höhe und kann die Umwelt umso mehr genießen! Hinunter entpuppt sich dann als Tortur, es regnet ununterbrochen und der Nebel wird dichter und dichter, die Stufen sind glitschig. Auf der Passhöhe steht eine alte Raststation der Inka, heißt so ungefähr: „Immer im Nebel", passt! War wohl mal so etwas wie eine Pilgerstätte, alle umgebenden Berge sind heilig. Wir sind oberhalb des Urubamba Tales, einer der heiligsten Gegenden Perus. Die Nacht verbringen wir in einer Art moderner Berghütte aus Beton, hier treffen sich Alle, die auf dem Camino des Inka unterwegs sind, schon fast unglaublich, das man trotzdem den ganzen Tag über sozusagen Mutterseelenallein auf dem Weg war. Eines der amerikanischen Mädels unserer Gruppe hat sich den Fuß verknackst, Ihre Freundinnen tragen den Rucksack zuzüglich zum eigenen Gepäck, einer unserer Träger hilft beim Abstieg über den steilen Pfad, mittlerweile ist es Stockdunkel, bei der Ankunft werden Sie mit „Standing Ovations" begrüßt. Alles nimmt an langen Tischen Platz und wir feiern ein wenig in die Nacht hinein, nur ein wenig, denn wir wollen noch in der Nacht aufbrechen, um den Sonnenaufgang direkt vor Machu Picchu zu erleben.

Schon um Vier in der Frühe werden wir geweckt, draußen knurrt ein Hund – verständlich! Der Frühstückstisch ist bereits gedeckt, durch die Fensterscheiben kann man den wunderschönen Sternenhimmel bewundern, so als Belohnung für unser doch recht zeitiges aufstehen! Wir schaffen es, genau mit der Sonne am Sonnentor einzutreffen, von haus sind die meisten Bilder der Ruinenstadt geschossen worden, diese Aussicht kennt man aus unzähligen Berichten, aber es ist trotzdem ein eindrucksvolles Erlebnis! Unser Führer waltet seines Amtes und erklärt uns die Stadt, die Tempel und Altäre, die Übereste der Wohnhäuser, die Terrassenfelder, die sich wie Schwalbennester an den Abhang schmiegen, wer unter Höhenangst leidet sollte im inneren der Anlage bleiben, aber er verpasst eine einmalige Aussicht auf das Tal des Urubamba! Gegen Zehn kommen die „Neckermänner", also die Leute, die den bequemeren Weg mit der Bahn gewählt haben und jetzt dem Mitmenschen mit dem Fähnchen hinterher hecheln. Mittlerweile ist die Sonne so hoch am Himmel, dass es zu heiß zum klettern durch die teilweise liebevoll rekonstruierten Bauwerke ist. Wir machen uns an den Abstieg nach Aquas Caliente, Pacha Mama (Mutter Erde) heißt das Lokal im Ort, in welchem wir uns um Fünfzehn Uhr treffen wollen, den Rückweg werden auch wir mit der Bahn bewältigen, sogar mit reservierten Sitzplätzen! Aquas Caliente heißt: Heißes Wasser und der Name rührt von den Thermalquellen am Ortsausgang. Die Thermen ergießen Ihr Wasser in Betonumrandete Becken, wir legen uns ins Heiße Nass, lassen uns treiben, das lindert die Pein der schmerzenden Muskeln. Die Aussicht in den blühenden Dschungel steigert das Erlebnis noch, wir verlassen unser Bad nur widerwillig und mit völlig verschrumpelter Haut. Wir besichtigen den Ort, er besteht fast ausschließlich aus Läden, es gibt keine Strasse, die heraus führt, nur die Bahnlinie, das Tal ist einfach zu schmal, wir haben Sitzkarten, als es dann losgeht erweisen sich Diese dann als Farce, die Waggons sind derart voll, das es schwierig ist auch nur einen Stehplatz zu ergattern, die Menschen hängen in Trauben von außen an den Türen, der übergewichtige Schaffner drängt sich rücksichtslos durch die Massen um die Fahrkarten zu kontrollieren, man kommt sich vor wie die sprichwörtliche Sardine in der Dose. Auf dem Weg nach Cusco leert sich das Abteil dann doch zusehends und die letzten paar Kilometer habe ich sogar meinen Sitzplatz.

Machu Picchu, die „alte Bergspitze", 2500 Meter über dem Meer und 1000 Meter über dem Tal des Urubamba, wurde im Jahre 1911 von dem amerikanischen Dozenten für lateinamerikanische Geschichte Hiram Bingham bei einer Expedition auf der Suche nach den „verlorenen Städten" der Inkas wiederentdeckt, am Haupteingang der Ruinenstadt erinnert eine Bronzetafel mit seinem Konterfei an dieses Ereignis.

Politische Querelen und deren Lösung

Peru und Bolivien teilen sich den Titicaca See, er ist der höchste schiffbare See der Erde. Bedingt durch den Mangel an natürlichen Inseln und wahrscheinlich aus Sicherheitsdenken hat sich der Stamm der Urus schon vor langer Zeit schwimmende Inseln aus Tortuga, einer Art Schilf gebaut. Auch Boote kann man aus dem Material fertigen, mit kunstvollem Flechtwerk am Bug. Fabelwesen auf dem Wasser! Thor Heyerdhals Konthiki war daraus gemacht, womit bewiesen war, das man auf Schilfbooten auch weite Reisen im Salzwasser unternehmen konnte. Die „Anden Banane" nennen die Leute die Wasserpflanze, Sie soll jeden Tag einen anderen Geschmack haben, ich habe an zwei Tagen probiert und es stimmt. Der See wimmelt von Fischen, leider hat man Arten aus anderen Gegenden der Welt eingesetzt, sodass die endemischen, also nur hier vorkommenden, Fische langsam verdrängt werden. Die Fische werden gefangen und auf den Dächern der Hütten, müßig zu erwähnen, aus welchem Baumaterial diese bestehen, zum trocknen ausgelegt. Meerschweinchen, Ziegen und sogar Rinder leben auf den künstlichen Eilanden, in Ermangelung von Gras fressen auch die Nutztiere die Vielseitige Pflanze. Noch ist die Ernährung der Insulaner also gesichert, noch! Die Urus, die ursprünglichen Bewohner der schwimmenden Inseln, gibt es nicht mehr, Nachfolger haben deren Platz auf dem Wasser eingenommen, die meiste Zeit des Jahres leben Sie in der feuchten Umgebung und das hat seine Spuren hinterlassen, bedingt durch die immer herrschende Feuchtigkeit leiden die meisten unter Schäden an den Gelenken. Auf einer der größeren Inseln befindet sich sogar eine Schule, sowie eine Sanitätsstation, man kann also hier geboren werden und aufwachsen ohne je aufs Festland zu müssen. Der Besuch der Inseln ist bestens durchorganisiert, die Leute vom Festland bringen einen mit Motorbooten hin, an Touristen ist man auf den „Floating Islands" gewohnt: Die Frauen bieten Ihre Handarbeiten und sonstige kleine Souvenirs zum Kauf an, auch auf den Inseln kann man ein kleines Zubrot gebrauchen! Ganz Hartgesottene Touristen übernachten in den Schilfhütten, es wimmelt von Insekten, die meisten permanenten Einwohner leiden an Rheuma oder Gicht, ich kann mich beherrschen. Tolles Gefühl, über den schwankenden Untergrund zu gehen, das Wasser ist nur wenige Zentimeter tief, manchmal liegen die Inseln am Grund auf, ansonsten sind Sie verankert, um ein Abtreiben zu verhindern, wäre ja auch blöd, bei jedem Sturm unfreiwillig umzuziehen! Die Männer auf den natürlichen Inseln des Sees verdienen Ihr Geld mit dem Stricken von Pullovern aus Alpakawolle, auf den schwimmenden Eilanden sind die Männer für das Fischen und das Ausbessern der Insel zuständig, außerdem kommt noch ein wenig Bares in die Kassen, wenn man die Touristen auf den Schilfbooten von Insel zu Insel, oder: Von Dorf zu Dorf, übersetzt. Mich hat nur eines verwundert, warum gibt es die Insel Santa Maria 1 und Santa Maria 2? Die Lösung ist einfach: Es gab Streit im Dorf, politischen Streit und anscheinend wurde man sich nicht einig, also hat man kurzer Hand die Insel und damit das Dorf auseinandergeschnitten. Man stakt etwas auseinander, Problem gelöst! Sollte sich der Streit in der Zukunft beilegen lassen, kann man sich ja mit ein paar Stricken wieder annähern. Wenn das mal immer so leicht ginge!

Cero Rico

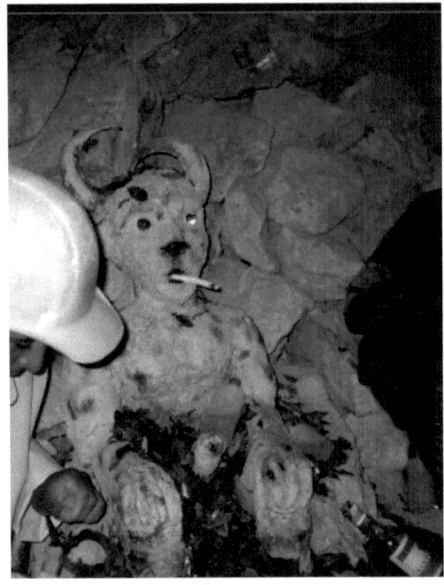

Bolivien, Potosi, Bergbaustadt. Früher wurde Gold aus dem Cero Rico geholt, erst die Inkas, dann die Spanier und nun beuten die Bolivianer den „Reichen Berg" aus.
An der Art und Weise des Abbaus hat sich seit Urzeiten nicht viel geändert, angeblich möchte man den Arbeitsplatz für seine Nachfolger erhalten, die Claims werden vom Vater an den Sohn vererbt, die Minenarbeiter haben eine mittlere Lebenserwartung von etwa Dreißig Jahren, oftmals arg verkürzt durch Unfälle in den engen Stollen. Die Ausbeute reicht meist kaum zum Überleben und die Inhaber der Schürflizenzen sind noch verhältnismäßig gut dran. Wer nicht zu diesen wenigen Glücklichen zählt, also im Lohn schuftet, hat noch schlechtere Karten, darf er doch nur einen Bruchteil der Tagesausbeute für sich behalten. Als eines der wenigen Zugeständnisse an die Moderne gebraucht man, wenn man es sich denn leisten kann, Dynamit in geringen Mengen. Die Sprenglöcher werden allerdings immer noch mittels Hammer und Meißel in den harten Fels getrieben. Der Berg ist im Laufe der Zeit von unzähligen Stollen nahezu ausgehöhlt worden, Pläne derselben existieren höchsten in den Köpfen der Bergleute. Einbrüche und Felsstürze sind demzufolge an der Tagesordnung. Diese Minenanlage werde ich also Heute besichtigen, Ortsansässige Veranstalter verdienen sich ihr Geld mit Führungen durch das Labyrinth der Gänge. Die Tour beginnt mir einer Fahrt zum Markt der Bergleute, an den Ständen können die Leute alles kaufen, was Sie zum überleben unter Tage brauchen, viel ist das wirklich nicht!

70

Neben den wenigen Ständen öffnet sich der Krater des Tagebaus, ein industrieller Abbau des Erzes lohnt nur noch in der Nähe des eigentlichen Berges, einzig die unentwegten Mineros schuften noch unter Tage.

An den Besichtigungstouren verdienen die Leute in den Minen natürlich nichts, den Reibach macht der Veranstalter, wobei auch Dieser dabei nicht reich wird. Vier Traveller haben sich für die heutige Führung werben lassen. Wir wollen den Leuten unter Tage kleine Geschenke mitbringen, wenn wir Sie schon bei der Arbeit stören, also kaufen wir ein: Kokablätter in Kilosäcken, Kalk zum Aufschließen der Inhaltsstoffe, Dynamitstangen, Zünder, Alkohol (96%ig!) und getrocknete, schwarze Bitterkartoffeln. Einen kleinen Eindruck vom Leben der Arbeiter bekomme ich schon auf der Fahrt: Ich probiere unsere essbaren Mitbringsel. Bitterkartoffeln erfordern gute Zähne und ein völliges Fehlen der Geschmacksknospen. Kokablätter mit Kalk erzeugen ein Gefühl, als ob man beim Zahnarzt eine Betäubung verpasst bekommen hätte. 96%igen Alkohol benutze ich vielleicht zum Fensterputzen. Nicht ganz mein Geschmack das Ganze! Für unsere Sicherheit wird gesorgt, jeder bekommt einen Schutzhelm und eine Karbidlampe, außerdem besuchen wir nacheinander die Kapellen, in denen einmal Jesus, zum zweiten die „Pacha Mama", die Mutter Erde und zum dritten der Teufel verehrt werden. Jesus bekommt eine Kerze, die Pacha Mama Wasser, dem Teufel kredenzt man Kokablätter, besprengt Ihn mit Alkohol und steckt Ihm eine Zigarette zwischen die steinernen Lippen. Derart gewappnet machen wir uns an den Abstieg in die Unterwelt, Asbest blüht aus den Wänden, der Helm bekommt noch einige Kratzer mehr, wir schrammen uns die Knie in niedrigen Passagen auf , zum Ausgleich dürfen wir im Anschluss Klimmzüge machen, um in einen höher gelegenen Gang zu gelangen. Überall wird gehämmert, niemand spricht, auch unsere Geschenke werden wortlos entgegen genommen, man hat den Mund voller Kokablätter, um die Arbeitskraft zu erhalten und das Hungergefühl zu unterdrücken, schon junge Männer sehen aus wie Greise. Die Arbeit ist hart, knallhart! Unter Klaustrophobie darf man nicht leiden hier unten, manchmal ragt ein Paar abgetretene Schuhe aus dem Fels, ein Minero auf der Suche nach den paar Gramm Silber, die der Berg noch zu bieten hat, Gold gibt er schon lange nicht mehr her! Wir müssen in Deckung, das monotone Geräusch der Hämmer macht Pause: Sprengung! Der ganze Berg, ein Knall! Die Luft schmeckt nach Steinstaub, hoffentlich ist nicht zuviel Asbest in der Luft. Jemand verschüttet? Nein? Hämmern, schaufeln, die große Ader war nicht dabei! Reich? Hier wird das wohl Niemand, aber die Söhne haben Arbeit, immer in der Hoffnung auf den großen Fund, bis zum Tod, so ungefähr mit Dreißig!

Durch den Salar und andere Wunder

Salzseen gibt es auf der ganzen Erde, manche sind wegen Ihrer ebenen Beschaffenheit ein wahrer Spielplatz für Geschwindigkeitsfanatiker, aus anderen wird das Salz im großen Stil abgebaut. Der größte dieser trockenen weißen Seen liegt in Bolivien, an der Grenze zur Atakama Wüste und damit zu Chile. Er hat eine Ausdehnung von über 1000 Quadratkilometern und stellt damit alle Anderen bei weitem in den Schatten! Schatten gibt es Allerdings nur auf den wenigen Inseln, die wie Relikte aus der Urzeit manchmal in der Ferne auftauchen, Inseln in einem Meer aus reinem, schneeweißem Salz! Uyuni heißt der Ausgangsort für meine persönliche Überquerung dieser Wüstenei, der Ort, von dem der See seinen Namen hat: „Salar de Uyuni". Ich treffe am frühen Nachmittag ein, im Reiseführer habe ich gelesen, dass die Einwohner sich mit dem Durchqueren des Salars Ihren Unterhalt verdienen, der Abbau des Salzes bringt nicht sonderlich viele Arbeitsplätze, Landwirtschaft und Industrie sind nur gering oder eher nicht vertreten. Uyuni ist dementsprechend Touristisch geprägt. Es gibt Hotels, Läden und Reisebüros, letztere vermitteln die Fahrer, meist ausgerüstet mit relativ betagten, geländegängigen Toyotas, die den Vorteil der „Reparaturfähigkeit" mit sich bringen, die modernen, vierradgetriebenen Fahrzeuge sind nach einhelliger Meinung erfahrener Wüstenfreaks zu anfällig. Je älter, je besser! Bei Schäden an der Bordelektronik nutzt einem nur ein Ersatzgerät, Reparatur schlichtweg unmöglich! Nachteil: Kein GPS, aber unsere Fahrer brauchen diesen modernen Firlefanz auch nicht, kennen Ihren Weg aus dem FF! Der Preis richtet sich nach der Anzahl der Fahrgäste, je mehr, desto günstiger für den Einzelnen! Die Reisebüroleute kümmern sich nicht darum, dass ich alleine auf Tour bin, ich muss auf der Promenade nach Mitreisenden suchen. Das erweist sich dann als relativ leicht. Ich finde recht schnell eine Gruppe von anderen Reisenden, denen ich mich anschließen kann. Wir mieten dann direkt zwei der Landcruiser, jeweils Fünf von uns, der Fahrer und dessen Frau (Die Dame ist für die Verpflegung zuständig und als Begleitung für den Fahrer auf dem Rückweg!) Morgen um Acht Uhr Dreißig, also in aller Herrgottsfrühe werden wir starten!

Neben meinem Hotel befindet sich eine Kaserne, das Wecken findet also per Trompete statt! Vor der Fahrt besichtige ich den Eisenbahnfriedhof, von dem im Reiseführer berichtet wird, man plant angeblich ein Museum: Alteisen kann ich zuhause auf jedem Schrottplatz sehen, das mit dem Museum ist wohl eher ein frommer Wunsch! Ich teile das Fahrzeug mit einem Ehepaar aus Bolivien (Fahrer und Köchin), sowie Vier Leuten aus Israel und Jason aus Großbritannien, Wir fahren versetzt in Sichtweite des zweiten Toyota, immer auf Sicherheit bedacht, wenn einer stecken bleibt kann der zweite Wagen zu Hilfe eilen. Das Salz ist zu Millionen von Polygonen erstarrt, sieht ein wenig aus wie gepflastert, so weit das Auge reicht! Sonnenbrille ist Pflicht, sonst wird man Schneeblind! Weiß ist die dominierende „Farbe", nur unterbrochen von den Fahrzeugen und den braungrauen Inseln, die in der Ferne wie Seeungeheuer aus der schier endlosen Ebene auftauchen. Dann taucht unvermittelt ein Hotel auf, ganz aus Salz errichtet. Wer mag, kann hier eine Nacht verbringen, sonderlich komfortabel oder auch nur einladend wirkt es nicht. Aber, man kann einen Drink zu sich nehmen! Wir machen eine Pause! Etwas die Füße vertreten und das Rückgrat wieder in Form bringen. Wir befinden uns oberhalb von Viertausend Metern, wenn die Sonne da ist: T-Shirt. Bedeckt eine Wolke unser Zentralgestirn: Wolljacke! Gewöhnungsbedürftig! An den sogenannten „Augen" des Salars tritt Wasser an die Oberfläche, das Salz ist in großen Brocken kristallisiert. Erinnert an Bergkristalle. Die Inseln bestehen aus fossilen Korallen, meterhohe Kakteen bilden die Vegetation, andere Pflanzen gibt es kaum. Gut zehn Gruppen treffen sich auf einem der Eilande, ein einsames Lama lebt mit einigen Bolivianern auf der Insel im ewigen Salz. Man verdient sich seinen Lebensunterhalt mit dem Verköstigen der Touristen, Auswahl gibt es zwar keine, aber die Reisenden haben immer Hunger! Und dann schmeckt es halt auch ohne Speisenkarte. Nur Schmul, einer der Israelis hat seine eigene Verpflegung dabei, er ist orthodoxer Jude und ernährt sich nur koscher. Gar nicht so einfach, wenn man sich auf einer Reise durch Südamerika befindet! Die restliche Truppe wird am Abend, nach der Überquerung des Salzsees mit Lamakoteletts und Stampfkartoffeln verwöhnt. Armer Schmul! Noch nicht einmal ein Cervesa darf er trinken! Genächtigt wird in Stockbetten, jede Autobesatzung hat ein eigenes Zimmer, sogar eine Dusche hat man im Ort! Uns geht es Klasse! Die wenigen Einwohner der winzigen Ansiedlung sind an Durchreisende Ausländer gewöhnt und ausnehmend freundlich, ohne aufdringlich nach Geld zu fragen, die Leute sind also noch nicht vom Tourismus versaut, die Massen kommen hier auch, noch, nicht durch! Geschichten über Reisen durch aller Herren Länder machen die Runde und irgendwann ist auch der Letzte im Land der Träume!

Die Nacht findet wieder um sechs Uhr in der Frühe ein jähes Ende, diesmal nicht durch einen nahen Kasernenhof, sondern durch die Sonne und die unzähligen Hähne des Ortes. Die beiden Fahrer reparieren einen Reifen, der Rest der Truppe frühstückt. Dann geht es weiter, zuerst durch ein kleines „Seitenmeer" des Salar, vorbei an einem tätigen Vulkan (Raucht!), durch einen fossilen Korallengarten, um dann an der Laguna Canupa, einem von warmen Quellen gespeisten See voller Flamingos unser Mittagessen einzunehmen.

Der nächste Pass führt über 4700 Meter, versucht das mal in Europa! An einer Felsenklippe wartet schon eine Familie Viskachas, langschwänzigen, etwa kaninchengroßen Verwandten der Meerschweinchen, sehen aus, wie eine Mischung aus Hase und Känguru. Alle Touri Fahrzeuge halten an, um den Tierchen Ihre verdiente Ration Gemüse zu kredenzen, da kann man dann auch als nachtaktives Lebewesen seinen Schlaf kurz unterbrechen! Eine kleine Herde Huanacos, einer kleinen, wilden Lama Art, beobachtet uns aus der Ferne, noch trauen Sie sich nicht an das dargebotene Futter, man wartet lieber, bis die Autos weg und der Frieden wieder da ist!

Die nächste Felsformation ist aus einem Salvador Dali – Gemälde entsprungen, surrealistischer kann Erosion nicht sein! Manche der Felsen sehen aus, als könnte man Sie mit einer Hand umstoßen. Fehlen nur noch die zerlaufenden Taschenuhren und die Elefanten mit den ewig langen Beinen.

Weiter an verschiedenen farbigen Seen vorbei, über Plateaus aus Buntsandstein, durch eine Welt der Malerei, wobei die Natur den Pinsel schwingt!

Ziel des Tages ist die Colorado Laguna, die Farbige Lagune. Wieder ein See aus Salz, diesmal mit Wasserflächen von Blau bis Tiefrot. Gesprenkelt mit Flamingos! Die Salzschicht ist recht dünn und brüchig, der Weg (Zu Fuß) in die Mitte des Sees erweist sich als tückisch, immer wieder bricht die dünne Salzkruste und man versinkt bis zu den Knöcheln im stinkenden Schlamm, der Wind bläst unerbittlich, es ist Eiskalt. Was tut man nicht Alles für ein gutes Foto! Die Nacht verbringen wir in einer Art Jugendherberge am Ufer. Ich gewinne in der Lotterie und ergattere als einziger ein Einzelbett, ich bin begeistert – die Anderen weniger. Es gibt leider kein fließendes Wasser, wir müssen staubig in die Federn.

Der nächste Morgen bricht für uns um Vier Uhr Dreißig an, ganz ohne Soldaten und Federvieh. Unsere Israelis sind etwas schwer aus den Betten zu schütteln, aber um Viertel nach Fünf sitzen alle in den Autos! Kaum ist die Sonne aufgegangen, sind wir schon im „Sol de Manana", heiße Schlammquellen mit Schwefelausblühungen und wärmeliebende Algen in allen Regenbogenfarben, Geysire, fantastisch!

Gefrühstückt wird an einem kleinen See, die üblichen Flamingos haben keinerlei Scheu vor den Menschen, man kann in den Thermalquellen baden – eine Wohltat.

Dann mein persönlicher Höhepunkt der gesamten Tour: Die „Laguna Verde", die Grüne Lagune: Im Hellblauen, klaren Wasser des Sees spiegelt sich ein perfekt Kegelförmiger Vulkan, von dessen Basis aus beginnt eine Einzigartige Verwandlung, langsam verändert der gesamte See seine Färbung, erst ist es nur ein Grüner Strich in der Ferne, aber innerhalb einer Stunde ist der komplette See Grün! Jeden Tag macht Er das! Immer um dieselbe Zeit! Tolles Erlebnis.

Weiter geht es über Pässe bis zu 4900 Meter Höhe, zum Ende der gebuchten Tour. Der Grenze zu Chile. Ich schiebe Wache an den

Rucksäcken, Jason muss zurück zur Laguna, hat Seine Brille dort liegen gelassen.

Der Grenzübertritt erweist sich für mich als leicht, ich komme aus Deutschland! Leider haben die Briten gerade den Exdiktator Pinochet in Haft genommen, was sich für Jason als Engländer in endlosen Kontrollen rächt. Schlussendlich schafft es aber auch der Engländer, in Chile einzureisen, wir nehmen den nächsten Bus, Vier Schulmädchen machen Fotos von Jason und mir, wir müssen einen klugen Spruch in Ihre Poesiealben schreiben (Während meiner Schulzeit habe ich mich vor so was immer erfolgreich drücken können) und unsere Reise durch die Wunderwelt endet in San Pedro de Atacama.

Trouble in Tumbes

Journalismus Hautnah? Ich hoffe doch nicht! Zwei Tage hat die Busfahrt von Lima in Peru bis Quito in Ecuador gedauert, bloß damit ich mich einmal auf den Äquator setzen kann. OK, ich würde es immer wieder tun! Blöd ist nur die Animation in den Bussen, neckische Gewinnspielchen werden veranstaltet, meine Busseite ist klar im Nachteil – Mein spanisch reicht nicht allzu weit! Ich habe mich also entschlossen, die Rückreise, zumindest zum größten Teil, nicht auf dem Land-, sondern auf dem Luftweg zu bewältigen. Geht schneller und schont das verlängerte Rückgrat, sowie zumindest bei Animationen, die Nerven meiner Mitreisenden! Direkt an der Grenze, schon wieder auf peruanischer Seite, gibt es einen kleinen Flugplatz. Tumbes heißt der Ort – nie gehört, macht nix, ich will ja auch bloß zurück nach Lima! Auf der ganzen Reise war es nie schwierig, Traveller Schecks in Bargeld zu wechseln, normalerweise machen das sogar die Straßenhändler! Airlines sind da nicht so locker: „Nur Bares ist Wahres" lautet deren Devise. Also per Taxi in den Ort, schnell zur nächsten Bank: Zu! Muss ich wohl über Nacht in Tumbes bleiben! Mein Chauffeur kennt 'ne nette Pension und Restaurants sind auch vor Ort, Alles Bestens also!

Beim Abendessen lerne ich ein Deutsch/Peruanisches Paar kennen, nach sechs Wochen wieder deutsch zu sprechen hat was! Was ich denn davon halte, dass morgen „Paro" herrscht? Paro? Ja, heißt übersetzt: Arbeitslosigkeit, auch bedeutet es soviel wie: Stillstand, morgen geht hier gar nichts, keine Banken, keine Busse und erst recht keine Flugzeuge! Die Leute treten in den Streik, wegen Ärger mit der Regierung, stand doch in allen Zeitungen! Wie gesagt: Mit meinem spanisch ist es nicht weit her, zum Zeitung lesen reicht es jedenfalls nicht! Kann ja heiter werden! Also: Eine Nacht schlafen und „Paro" kennen lernen! Stimmt Alles: Außer den Demonstranten, die friedlich ihre Plakate spazieren tragen bewegt sich wahrhaftig so gut wie nichts! Selbst die sonst so nervigen Schuhputzer sind nicht am Arbeitsplatz! Restaurants, Banken und Geschäfte haben geschlossen, ich ergattere mit viel Glück noch ein Frühstück in einem Hinterzimmer und eine Zweiliterflasche Sprudel, damit ich nicht verdurste. An wegkommen ist nicht zu denken, die einzige Durchfahrtsstraße ist verbarrikadiert! Selbst, wenn der Flugverkehr nicht lahmgelegt wäre, ich habe immer noch nicht genügend Bargeld! Also: Das Beste draus machen und den (Überschaubaren!) Ort erkunden: Überall sind Betongebilde mit Mosaiken, der Bürgermeister, oder: Alkalde, wie er im spanischen heißt, soll darauf stehen: Unser Dorf soll schöner werden? Sonst gibt es nichts Erwähnenswertes. Eher ein langweiliger Tag, die Demonstranten sind nicht weiter auffällig, ab und zu gibt es Sprechgesänge – ich habe in Düsseldorf schon aufregendere Demonstrationen erlebt! Am interessantesten sind noch die Besitzer der Kampfhähne – Training muss sein, Paro Hin oder Her! Jeder Mann, der etwas auf sich hält, nennt so ein stolzes Federvieh sein Eigen, die Biester werden gehegt und gepflegt, soll heißen: Massage, Training der Beinmuskulatur, Fresschen immer nur vom Feinsten (Doping Kontrollen gibt es wohl nicht) und so weiter! Bisher hatte ich nie die Muße, das Treiben zu beobachten.

Etwas Abwechslung kommt erst auf, als ein Pickup mit Brettern, ein paar Leutchen und einem Reifenstapel durch den Ort kurvt. Schon allein dadurch, dass es das einzige Fahrzeug weit und breit ist, das sich bewegt! Die Leute sind natürlich neugierig – ich auch! Der Wagen hält an der größten Kreuzung des Ortes und die Ladung wird auf der Straße verteilt, auch Bretter mit spitzen

Nägeln liegen plötzlich im Weg, ganz so, wie eine Straßensperre – warum? Es fahren doch gar keine Autos und wenn, es gibt genügend Umgehungsmöglichkeiten, so klein ist der Ort nun auch wieder nicht.

Man zündet den Reifenstapel an! Das lockt natürlich auch den Rest der Dorfbewohner an. … Klar!

Drei, Vier Kameraleute knipsen sich die Finger wund, springen wieder auf den Wagen, die Feuerwehr löscht den Brand und der Spuk ist vorbei!

Der Rest des Tages ist eher langweilig.

Am nächsten Morgen sind die Banken geöffnet, ich komme an das ersehnte Bargeld und somit an mein Flugticket. Zwei Stunden später bin ich in Lima.

Am ersten Zeitungsstand springt mir das Titelbild regelrecht ins Auge: Ein brennender Reifenstapel vor einer Menschenmenge! Alles wirkt sehr bedrohlich.

Wie gesagt: Mit meinem spanisch ist es nicht weit her, aber die Überschrift spricht für sich: „Trouble in Tumbes" prangt in dicken Lettern über dem Bild!

Hätte ich den Bericht früher gesehen, ich hätte einen weiten Bogen um Tumbes gemacht! Der Tag in Tumbes, eher einer der ruhigsten Tage meiner Reise.

Seit diesem Tag habe ich so meine Probleme mit Zeitungsberichten. Hauptsache Story?

Tumbes war einmal Schauplatz der Geschichte: Im Jahre 1531 kam Francisco Pizarro, von Panama kommend auf Seinem Weg nach Cajamarca durch den Ort. In Cajamarca nahm er den Inka Atahualpa gefangen um von Ihm ein horrendes Lösegeld einzufordern: Der Inka musste sein Verließ, immerhin sechs mal sieben Meter, so hoch mit Gold füllen, wie sein Arm reichte: Pizarros Berater schätzten damals das Vermögen auf 52000 Silbermark und 1320500 Goldpesos. Der künstlerische Wert war schier unermesslich. Leider wurde das Edelmetall eingeschmolzen und in Barren nach Spanien transportiert.

Eins hab´ ich noch: Sechs Wochen nach meinem „verpassten Start", ich sitze vor dem Flughafen von Lima, Peru, es ist Sylvester, das alte Jahr hat noch eine Stunde zu leben, ich habe mein Gepäck aufgegeben, bin im Besitz einer Bordkarte und rauche in der warmen Nacht, Rudel von Taxifahrern fragen nach meinem Fahrziel, ich bin der Einzige vor Ort, der nicht Ihrem

Berufsstand angehört „Nueva Yorka" erkläre ich den Leuten, Gelächter allenthalben, aber man lässt mir meine Ruhe.

Dann der letzte Aufruf, ich trotte durch den Zoll, keine Probleme, am Gate lauert mir ein Mitarbeiter der Airlines auf, was ich denn im arabischen Raum gemacht hätte. Der Mann spricht ein einwandfreies Deutsch. Ich darf an Bord, an der Flugzeugtüre noch ein letzter Blick auf die peruanische Hauptstadt: Eine einzelne Feuerwerksrakete steigt aus dem Häusermeer der Millionenstadt auf, Mitternacht, das neue Jahr hat begonnen, die Türe schließt sich hinter mir, wir starten, ich spüre den Anpressdruck, als der Jumbo beschleunigt, bin Fit diesmal.

Newark, nähe New York, Einreise in die Vereinigten Staaten von Amerika, selbe Prozedur wie vor sechs Wochen, Rucksack diesmal auf ein anderes Band – Andere Reiserichtung! Stempel kracht in den Pass, 'raus an den Springbrunnen, Kippen auffüllen, Pott Kaffee am Kiosk, Minus 5° C!

Die Busse fahren noch an derselben Stelle ab, wie vor sechs Wochen und Sie sind geheizt! Ich habe alle Klamotten an, die irgendwie wärmen, der Temperaturunterschied ist einfach zu hoch! Ich friere wie ein Schneider, als ich vor den Zwillingstürmen des World Trade Centers nach oben schaue, die Wolken fliegen über die Gebäude, unwillkürlich gehe ich einen Schritt rückwärts, um nicht zu fallen, es kommt kein Auto, der Tag des Attentats liegt noch in weiter Ferne, noch mal Glück gehabt.

Die Fähre zum Liberty Island legt ab, ich trinke einen heißen Kaffee unter Deck, wir legen an. Die Schlange vor der genialen Wendeltreppe ist schier endlos, Stufe für Stufe geht es im Schneckentempo aufwärts, Aussicht auf das Innenleben der Blechdame, endlich im Kopf, Blick auf die (Noch intakte) Skyline von Manhattan, der Raum ist kleiner, als ich Ihn mir vorgestellt habe, die Fackel darf ich als Normalbürger nicht betreten, es geht wieder abwärts, erstaunlicherweise recht zügig.

Besichtigung von „Ellys Island" ist obligatorisch, alte Koffer, ein kleines Museum, die Geschichte der Einwanderer. Hoffentlich erwische ich meinen Heimflug! Endlich Rückfahrt, ich muss zum Bus, mein Heimflug wartet, am Springbrunnen noch mal Nikotin tanken, nächste Gelegenheit erst wieder in Gander, Neufundland.

Katmandu bis Chitwan

Katmandu liegt im Himalaja und dort in einem Tal, außerdem an der Grenze zwischen Mittelalter und Neuzeit. Die Stadt könnte so schön sein, wären da nicht die unmengen an altersschwachen Fahrzeugen, die die Luft mit Ihren Abgasen verpesten. Wenn ich am Abend unter der Dusche stehe frisst der dünne Wasserstrahl Rinnen in den schwarzen Dreck, es dauert, bis die Haut zum Vorschein kommt! Nur die Innenstadt mit Ihren rußgeschwärzten Tempeln, den zahllosen Jogis und heiligen Männern und den Recyclingmärkten der Sonderklasse, hält mich in der Stadt. Mit den Märkten verhält es sich so: Man verwendet für die Herstellung der Souvenirs nur natürliche Rohstoffe, als da wären: Hirnschalen mit Silber ausgeschlagen um darin Erdnüsse zu servieren, zu Flöten verarbeitete Oberschenkelknochen, oder schön ziselierte menschliche Schädel, die zerbrechlichen Teile mit Silber und Goldornamenten verstärkt. Gegen die Verwendung von tierischen Überresten spricht meist das Washingtoner Artenschutzabkommen klärt mich einer der Händler auf. Nun mag man den Kopf schütteln, aber so lange, wie die Ausstellung „Körperwelten" in Europa Zuschauermassen anzieht – haben wir dazu wirklich das Recht?

Mich zieht es aber weiter, in die Natur, tiefer ins Tal und was liegt da näher, als mit dem Boot den Berg hinab zu fahren? Mit dem Schlauchboot (Neudeutsch : Raft) genauer gesagt. Zwei Boote hat man bereitgestellt, den Hauptteil unseres Gepäcks verladen wir auf einen kleinen LKW, der bescheidene Rest wird in wasserdichten Fässern an Bord verstaut. Man verteilt Schwimmwesten und Helme, an die Sicherheit wird also gedacht! Die Bootsführer sind des englischen mächtig und so üben wir erst mal die Kommandos und deren strikte Befolgung. Auf diesem, eher trägen Abschnitt des Flusses gibt es keinerlei Problem, binnen Kurzem sind wir ein eingespieltes Team, etwas später auch noch ein nasses Team. Denn in den Stromschnellen, dem „Weißen Wasser" bleibt keine Faser trocken! Alle Hände werden gebraucht, wir pullen, was die Arme hergeben! In den Schattenzonen wird gemeinsam gefroren, in den sonnigeren Abschnitten trocknen wir dann wieder. Manchmal fließt der Fluss nur so vor sich hin, aber hinter der nächsten Kehre lauert dann die Stromschnelle, „Rapid", um den englischen Ausdruck zu gebrauchen, nur die Bootsführer wissen, was uns erwartet, wir Übrigen kommen uns wie Abenteurer vor – es macht Spaß, man spürt die Anstrengung kaum. Die Nacht beginnt zünftig am Lagerfeuer, Einheimische bessern mit dem Verkauf von Bier Ihre Kasse auf, manchmal kreisen unförmige Zigaretten, es herrscht ein Sprachengewirr, Völkervereinigung in Nepal! Die Guides haben schon die Zelte für die Nacht vorbereitet, kaum ist die Sonne weg, wird es kalt und man spürt die klammen Klamotten wieder, man fällt früh auf die Schlafmatten! Die Nacht ist nicht erholsam, in den umliegenden Dörfern leben Esel und wer einmal einen Esel erlebt hat, wie Er des Nachts nach seinen Artgenossen schreit, der weiß, wovon ich rede!

Früh am nächsten Morgen krieche ich aus meinem Zelt, die Reste des Lagerfeuers geben noch etwas Wärme ab, ich kann wenigstens meine Finger etwas auftauen, schlafen in klammen Decken ist nicht so mein Ding. Kaum kriecht die Sonne hinter den Bergen hervor wird es angenehm warm. Wir bleiben so lange, bis unsere klammen Klamotten am Körper getrocknet sind. Kaum sind wir wieder auf dem Fluss, sind wir pitschnass, eine „Rapid" nach der Anderen, Weißes Wasser, soweit das Auge reicht, kein Boot kentert, wir haben unser Sache gut gemacht. Gegen Mittag ist der Spaß vorbei. Die Anderen kehren nach Katmandu zurück oder reisen nach Indien, ich nehme meinen Rucksack in Empfang und ziehe erst mal etwas Trockenes an! Dann bringt mich der Kleinlaster die letzten paar Kilometer bis zum Eingang des Nationalparks, ich darf mir auf der offenen Ladefläche den Wind um die Ohren wehen lassen und die Aussicht in die Abgründe neben der Strasse genießen. An den Ufern der Flüsse sitzen Gruppen von Leuten, die den groben Schotter zu feinem Schotter verarbeiten, mit Hammer und Meißel! Arbeitskraft kostet Hierzulande noch weniger als Maschinen! An einem feudalen Hotel endet die Fahrt. So hatte ich mir meinen Aufenthalt im Nationalpark denn doch nicht vorgestellt, aber ich melde mich artig an der Rezeption. Hat alles seine Richtigkeit, ich bin vom

Reisebüro in Katmandu avisiert worden. Allerdings muss ich noch ein wenig warten, der Landrover ist gerade auf Tour. Also nehme ich in der feudalen Lobby Platz, genehmige mir einen echten Filterkaffee und harre der Dinge, die da kommen mögen. Schon eine Stunde später sitze ich im Fond des Geländewagens und lasse mich durch das Agrarland kutschieren. Ohne Allradantrieb bist Du in dieser Gegend aufgeschmissen! Der Altersschwache Wagen läßt etwas an Komfort zu wünschen übrig, mein armer Rücken wird auf eine harte Probe gestellt, der Fahrer kennt nur zwei Stellungen des Gaspedals: Unberührt und Bodenblech! Dann geht es gemächlicher weiter: Per Einbaum auf einem ruhigen Fluss. Manchmal soll man Gaviale beobachten können – manchmal! Das Wasser ist Tiefschwarz, keine Ahnung, ob die Krokodile mit den schmalen Schnauzen nicht in Massen um uns herumschwimmen!?
Meine Unterkunft entpuppt sich als festes Zeltlager inmitten des Chitwan Nationalparks. Hauszelte sind in einer Reihe am Flussufer errichtet worden, richtige Betten und sogar ein echter Schrank für persönliche Habe stehen darin, man kann in einem Liegestuhl vor dem Zelt sitzen und den träge dahinfließenden Fluss beobachten. Sogar ein Service Zelt gibt es, darin werden die Mahlzeiten eingenommen oder man kann sich auf ein, zwei Drinks darin aufhalten. Heute ist es leider schon zu spät, um noch die nähere Umgebung zu erkunden. Andere Reisende sind zwar im Camp, aber schon in den Zelten. Dafür laufen einige schwerbewaffnete Soldaten durch das Camp. Es gibt Nashörner im Park und China ist nah! Die Ranger des Lagers, die auch als Fremdenführer fungieren sind mit den traditionellen Ghurka Messern bewaffnet, deren schwere, äußerst scharfe, gebogene Klingen sich wirklich nur zum Kämpfen eignen. Schusswaffen sind für Sie Tabu! Ich unterhalte mich noch ein wenig mit den Rangern und lasse mir die Horrorgeschichten, vonwegen „Tiger laufen durch die Zeltstadt" erzählen, bevor auch ich meine Petroleumlampe gegen die Mosquitos (Und als Wegweiser für die Tiger?)vor mein Zelt hänge und mich zur Ruhe begebe.
Unbehelligt von Mücken und Tigern verbringe ich die Nacht im bequemen Bett, Fluss und Blätter rauschen im Hintergrund, schon fast romantisch. Nach dem Frühstück geht es auf Safari, zu diesem Zweck erklimme ich mit Fünf weiteren Reisenden zuerst eine Art Hochstand und dann einen umgedrehten Küchentisch, der auf dem Rücken eines Elefanten geschnallt ist. Darunter ist eine dicke Lage Wolldecken, damit das Tier keine Schmerzen erleidet, an meinen Popo hat mal wieder kein Aas gedacht! Insgesamt sind wir in einer

Herde von Fünf Dickhäutern unterwegs: Auf Zweien hat man je Fünf Touristen plus Mahut gepfercht, die restlichen Drei sind mit den Rangern besetzt, letztere müssen auf den Luxus des Küchentisches verzichten und sitzen direkt auf Decken. Ich will tauschen! Sicher wie die Gämsen klettern die grauen Riesen samt Ihrer menschlichen Last über Stock und Stein, auch Flussdurchquerungen stellen keinerlei Problem dar. Und dann sind Sie plötzlich da! Zwei der seltenen Nashörner tauchen aus dem hohen Elefantengras auf, werden nahezu sofort eingekreist und mit Fotoapparaten quasi erschossen. Sie nehmen es mit stoischer Ruhe zur Kenntnis und trotten zum Fluss um zu trinken. Wir Touris kommen uns vor, wie die Maharadschas auf Großwildjagd. Ein erhebendes Gefühl, wäre da bloß nicht dieser blöde, harte Tisch! Weiter geht es durch das Gras, das seinen Namen zu Recht hat, denn die Elefanten versinken nahezu darin. Jeden Moment kann der Tiger, der König des Parks auftauchen, Spuren haben wir schon gesehen, aber die Raubkatze ist zu scheu, zu schlau oder, Sie mag halt nicht Fotografiert werden, für Letzteres habe ich volles Verständnis! Schließlich ist für uns Mittagszeit, also: Mahlzeit einnehmen, zwei Stunden Siesta! Man ist schließlich in Urlaub! Danach steht eine Wanderung durch den nahen Urwald auf dem Unterhaltungsprogramm. Der mit dem üblichen Messer bewaffnete Führer gibt Verhaltenstipps, damit wir auch heil wieder im Lager ankommen: Wenn ein Nashorn kommt sollen wir auf oder zumindest hinter den nächsten Baum flüchten, bei einem Bär soll die Gruppe eng zusammen bleiben und laute Geräusche machen, bei einem Tiger soll jeder für sich hinknien und ein letztes Gebet sprechen. So gewappnet marschieren wir geschlagene Drei Stunden über Wanderwege durch den Urwald, nur um ein wildes Huhn zu erschrecken. Es bleibt uns nichts Anderes übrig, als nach dem Abendessen und diversen Drinks die Zelte aufzusuchen.

Die anderen Touristen sind am nächsten Morgen verschwunden, ich bin sozusagen ein „Zwischengast", ich habe nicht über einen Reiseveranstalter in Europa oder den Staaten gebucht, sondern in Katmandu, also vertreibt man mir die Zeit bis zum Eintreffen der nächsten regulären Reisegruppe mit Einbaumfahrten. Gaviale und „normale Krokodile" sollen sich in dem schwarzen Wasser aufhalten, aber, wie dass mit den wilden Tieren so ist: Da bezahlt man Eintritt und es läst sich Keines Blicken. Macht nichts, ist fast wie Gondel fahren in Venedig, der Bootsführer stakt durch die Fluten, ich sitze gemütlich im Heck. Auf den Gesang hat mein

Kapitän verzichtet, ich habe nichts vermisst! Bedingt durch meinen, für die Leute doch recht ungeplanten Aufenthalt darf ich, entgegen des normalen Programmablaufes noch einmal auf dem Küchentisch auf Rhino-Jagd gehen, auch diesmal kreisen wir eines der imponierenden Tiere mit den Elefanten ein und können die Kameras heißlaufen lassen, keine Tiger, keine Bären – wir sind nicht im Zoo, ich bin vollauf zufrieden!

Mein Aufenthalt endet nach dem Elefantenritt, ein Einbaum setzt mich über den Fluss, der Landrover wartet schon um mich zur Strasse zu bringen, die Fahrt geht wieder durch das Umland des Parks, vorbei an Bauern, die wie zu biblischen Zeiten Ihr Feld mit Wasserbüffeln bestellen, Frauen, die den Dung als Heizmaterial für die heimische Hütte einsammeln und Kindern, die begeistert dem Motorfahrzeug mit seinem exotischen Insassen zuwinken.

An der Strasse endet meine organisierte Tour, ich warte auf den nächsten Linienbus, der mich in Richtung Katmandu bringen soll. Ich finde einen Platz auf dem Dach, da ist es nicht so überfüllt wie im Inneren und man hat eine bessere Aussicht. Auf halber Strecke ist es urplötzlich allerdings polizeilich verboten, auf dem Dach zu reisen, wohl aber darf ich mich, den Rucksack auf dem Rücken, am Haltegitter außerhalb des Busses festhalten. In Nepal fährt man, soweit es geht, in der Mitte der Strasse, offiziell herrscht Linksverkehr, immer, wenn ein Laster uns entgegen kommt, rechne ich damit, vom Bus gepflückt zu werden. Auf dem Dach war es gemütlicher, dafür freue ich mich umso mehr, als wir endlich am Ziel sind. Morgen werde ich per Flugzeug weiterreisen, innen natürlich, auf dem Dach ist ja neuerdings verboten!

Royal Chitwan National Park. 1973 gegründet, hat eine Fläche von 93200 Hektar. Er liegt im Schwemmland der Flüsse Narayani, Reu und Rapti. Im Feucht – Heißen Klima der Wälder, Sumpf und Graslandschaften leben über 100 verschiedene Säugetierarten, unter anderem Elefanten und Nashörner. Die Flüsse beherbergen diverse Fischarten, dazu Ganges Gaviale und Sumpfkrokodile, mit viel Glück kann man einen Flussdelphin bestaunen. Wer Vögel liebt kommt bei dem breitgefächerten Angebot auf jeden Fall auf Seine Kosten. Meines Erachtens nach einer der schönsten Nationalparks in ganz Asien!

Momos
Es gibt dieses Gericht abgewandelt in vielen Kulturkreisen, in China heißt es Wan-Tan, in Italien bezeichnet man diese Teigtaschen als Ravioli und in Deutschland sind Sie als Maultaschen bekannt. In Katmandu gibt es eine recht große tibetische Gemeinde, daher hier die tibetische Variante:
Zutaten:

Für die Füllung:
  500 g Rinderhack
  1 große Zwiebel
  1 Staudensellerie
  1 Knoblauchzehe
  1 Viertel Weißkohl
  Etwas Rinderkraftbrühe
  Öl zum eintunken

Für den Teig:
  600 g Mehl
  1 Viertelliter Wasser
  Salz

Zubereitung:
Den Teig nicht zu weich kneten, mit einem Nudelholz ausrollen und runde Scheiben von etwa 8 cm Durchmesser ausstechen.
Das Gemüse fein hacken und mit dem Rinderhack gut vermischen, die Teigscheiben jeweils mit der Farce füllen, zusammenklappen und gut verschließen (An den Rändern fest zusammen drücken)
Die so entstandenen Teigtaschen mit dem Boden in etwas Öl tunken (Dann kleben Sie nicht an) über der Fleischbrühein einem Sieb dämpfen. Dazu Salat. Fertig. Man kann Momos natürlich auch in der Brühe kochen oder schmälzen, wie der Schwabe sagt, also, nach dem kochen im Backofen zubereiten, auch bei der Füllung ist der Phantasie keinerlei Grenze gesetzt.

Steuern erhöhen? Ohne Uns!

Ich bin in Indien, an einem Ort der alten Seidenstrasse, Jaisalmer heißt die Handelsstation mit den ewig hohen uralten Lehmbauten in denen vor Hunderten von Jahren die großen Handelshäuser der Zeit Ihre Niederlassungen hatten, Heute steht das meiste leer, von außen sind die Gebäude liebevoll restauriert, man kommt sich ein wenig vor wie Marco Polo, wenn man durch die engen Gassen wandert, besonders, wenn sich vor der Dromedarkarawane ein Elefant durch die Stadt quetscht. In Indien wütet die Pest, vor dem Abflug habe ich davon in der Zeitung gelesen: In West Indien hieß es da! West Indien, da hat sich Kolumbus vertan, das sind Inseln in der Karibik, habe ich für mich beschlossen und bin geflogen. Da habe ich mich dann wohl vertan, denn West Indien liegt in diesem Fall im Westen Indiens! An manchen Bahnhöfen war es denn auch recht unheimlich: Alle Leute sind vermummt, niemand sagt ein Wort und über die Dächer sieht man die Ratten huschen!

Ein ansonsten gesunder Mensch braucht ein beliebiges Breitbandantibiotikum und hat keine nennenswerten Probleme hat mir ein Arzt erklärt, die ca. 80 Toten, die an der Pest gestorben sind hatten außerdem die „normalen Krankheiten der Gegend": Dengue Fieber, Malaria und so weiter! Ja dann!

hier, in der „Goldenen Stadt" bringt mir persönlich die Krankheit aus dem finsteren Mittelalter sogar Vorteile, den die sonst anscheinend üblichen Touristenmengen sind aufgrund der Berichterstattung in Europa und Übersee dieses Jahr ausgeblieben. Dafür bekomme ich in jedem Restaurant ohne Wartezeiten einen

Tisch, die Souvenirpreise sind verhandelbar, was schon mal ein paar Mark mehr in meiner Reisekasse belässt! Ich habe mich mit einem Paar aus Irland zusammengetan, wir haben für Morgen Fünf Dromedare und zwei einheimische Begleiter gebucht und werden uns in den nächsten Tagen in der Western Dessert per Kamel bewegen, samt Beköstigung, schlafen unter freiem Himmel und vielleicht ein wenig Einsamkeit. Nach einer Reise durch Indien weiß man besonders Letzteres zu würdigen!

Los geht es dann mit dem Geländewagen, Norma, David und ich werden am Hotel abgeholt, wichtig war: Ein langärmeliges Hemd, ein Hut gegen die Sonne und pro Person 8 Liter Wasser! Der Fahrer stellt sich als „Tiger" vor, entpuppt sich dann als Kamikaze, aber wir kommen heile durch! In der Umgebung gibt es ein paar antike Villen und Mausoleen, auch Handabdrucke der „Satis" sind vorhanden, jenen, meist jungen Ehefrauen, die sich mit Ihrem Gatten verbrennen lassen haben, wobei der Ehemann den Vorteil hatte, zu diesem Zeitpunkt bereits tot zu sein! Heute ist die Witwenverbrennung zwar verboten, aber hier hat sich noch 1987 eine junge Witwe auf den Scheiterhaufen zu Ihrem Göttergatten geworfen, das ganze Dorf hat aufgepasst, damit die Polizei nicht stört!

Unser Abendessen wird über dem Lagerfeuer am Rande der Sandwüste bereitet, geschlafen wird in Daunenschlafsäcken, unter uns der warme Sand, über uns der klare Himmel. Zwei Sternschnuppen später falle ich in wohlverdienten Schlaf.

Aufstehen bei Sonnenaufgang, frühstücken, Kamele satteln und auf geht der wilde Ritt! Ich habe erst eine Diskussion mit meinem Wüstenschiff, wir sind uns nicht ganz einig, wer der Chef ist! Das einzige Argument meines Kontrahenten besteht aus dem Versuch mich zu beißen. Fehler! Ich antworte mit zwei saftigen Ohrfeigen: „Du hast angefangen" und die Frage ist geklärt!

Hoch ist so ein Dromedar. Und hart! Der Sattel ist mit Leder gepolstert und mit Decken ausgeschlagen, nach wenigen Stunden Ritt befindet sich meine Jacke, etwas später auch mein Schlafsack zwischen mir und Hugo, wie ich mein, inzwischen lammfrommes Reittier getauft habe – immer noch zu hart, ich bin verweichlicht!

Gut, dass wir alle paar Kilometer absteigen, vonwegen Besichtigung, Essenspause und so! Wir besuchen ein Dorf, gebaut aus Lehm und Dung, nicht nur die Außenwände, auch die Möbel werden aus diesen Baumaterialien gefertigt und es riecht nicht einmal unangenehm. Kraftfahrzeuge sind keine unterwegs auf den wenigen Straßen, sieht man mal von den Bussen ab, die einmal am

Tag durch jedes Dorf rasen. Geradezu himmlische Ruhe umgibt uns, als wir gegen 18.00 Uhr unser abendliches Ziel im Nirgendwo erreichen. Wir drei Touristen sind schon recht sicher im Sattel. Ich reite zeitweise im Damensitz, also beide Beine zu einer Seite, mehr der Not gehorchend, als aus sportlichen Gesichtspunkten. Ich kann nicht einmal behaupten, mir täten Alle Knochen weh, nein, nur von der Hüfte abwärts, da allerdings auch heftig! Geschlafen wird wieder unter freiem Himmel, ohne Sternschnuppen, auf einer selbstgebastelten Matratze aus Sand. Den Dromedaren werden die Vorderläufe zusammengebunden, damit Sie nicht so weit weglaufen. Am nächsten Morgen sind Sie dann auch so gerade noch als kleine Punkte am Horizont zu sehen, Schlaf brauchen diese genügsamen Tiere anscheinend genauso wenig wie Wasser! Störend sind nur die allgegenwärtigen Fliegen, die sich nahezu augenblicklich auf jedes Stückchen freie Haut stürzen. Währen unsere beiden Guides sich aufmachen, um die Dromedare zu fangen trinken wir Tee und essen das frisch über dem offenen Feuer gebackene Fladenbrot. Es knirscht etwas zwischen den Zähnen, liegt wohl am Sand!

Der erste Halt ist in einer Geisterstadt! 3000 leere Häuser! Vor ein paar hundert Jahren haben die Regierenden der Gegend eine Steuererhöhung beschlossen, am nächsten Tag waren alle Untertanen verschwunden! Bis Heute steht die Stadt leer da. Das wäre was für unsere Politiker: Plötzlich so ganz allein! Gemächlich geht es in Richtung Horizont, zumindest so lange, bis der Stallduft die Nüstern der Reittiere erreicht, dann gibt es kein Halten mehr! Norma kann sich im letzten Moment bücken, die Stromleitung kam auch recht überraschend! Wir reiten noch durch Jaisalmer und unser kleiner Ausflug ist zuende. Schade! Vorteil: Es gibt frisches, kaltes „Godfathers extra Strong Beer" auf der Dachterrasse des Hotels, mit Ausblick über die Dächer der goldenen Stadt und die schier endlose Wüste!

Sprachliche Besonderheit in Indien und Nepal: Bedingt durch unmengen von eigenständigen Sprachen und örtlichen Dialekten war man gezwungen das Englische zur Amtssprache zu erheben, kann natürlich auch ein Überbleibsel aus der Kolonialzeit sein. Man kommt also mit Englisch gut durch das Land, wenn man das Pech hat, an eine Gruppe zu geraten, die ausnahmsweise nicht der „Hilfssprache" mächtig ist, wird halt ein Übersetzer heran geholt. Klappt immer. Man spricht ein sehr sauberes Englisch, mit Ausnahme sämtlicher Eigennamen, also der Namen von Gebäuden, Stadtteilen und so weiter, die werden betont wie im

Deutschen! Hört sich sehr gewöhnungsbedürftig an, aber nur so hat man die Chance zum Beispiel die Mahatma Gandhi Memorial Hall in Delhi zu finden!

Kürbiscurry
>*1 Patisson Kürbis*
>*2 Dosen Cocosmilch*
>*5 Chillies*
>*Currypaste*
>*1 Bund Thai Basilikum (Wer den leichten Anisgeschmack nicht mag, weicht auf „normalen" Basilikum aus.)*
>*Curryblätter*

Den Kürbis schälen, die Kerne entfernen und die Frucht in mundgerechte Stücke teilen.

Etwa 20 Minuten bei mittlerer Hitze in der Cocosmilch, zusammen mit den Chillieschoten und der Currypaste garen, die geputzten Basilikum- und Curryblätter kurz vor Ende der Garzeit zugeben, fertig. Dazu passt „Nan", Rezept folgt später.

Im Dorf der Pornotempel

Wir starten in Agra, der Stadt des Taj Mahal, jenem sagenumwobenen Grabmahl der Mumtaz Mahal, Gattin des Shah Jahan, ganz in schneeweiß mit Intarsien aus Halbedelsteinen. Wenn Ihr gerade mal in der Nähe seit: Geht sehr früh auf das Gelände, dann sind die Busse noch nicht da und der Eintritt beträgt nur einen Bruchteil! Wir nehmen einen „Very fast train", den „Shatabti Express", angeblich der schnellste Zug des Subkontinents, nur 2 Stunden bis Jhansi, der normale Zug braucht doppelt so lange! Leider hat der Renner Drei Stunden Verspätung, welche wir sinnvoll für ein

89

ausgedehntes Frühstück nutzen. In einem kleinen Laden entdecken wir meterhoch aufgeschichtete Eierkartons. Angeboten werden Rühreier! Mäuse laufen im Laden herum, stört nicht weiter, solange Sie vom Tisch fernbleiben. Dazu besorgen wir uns süße Brötchen vom Bäcker nebenan und schwarzen Tee vom Straßenhändler. Die Teeverkäufer haben die englische Unart, Tee mit Milch zu versauen verinnerlicht, was Sie dazu zwingt, die Kanne zu spülen, wenn jemand schwarzen Tee haben möchte. Schont den Magen ungemein! Nachdem der Zug dann endlich wider allen Erwartens doch noch startet bleiben wir Drei Stunden später, die Reise sollte, wie gesagt, insgesamt zwei Stunden dauern, Irgendwo im Nirgendwo auf offener Strecke liegen, irgendwas unter einem Waggon ist gebrochen! Falls sich jemand über die Zeitangaben wundert: Zeit ist relativ! Besonders in Indien!

Schon weitere Zwei Stunden später sind wir in Jhansi, am Vormittag ist in der Stadt eine Feuerwerksfabrik in die Luft geflogen, wieder mal, wie man uns erzählt. Deshalb kommen wir Heute nicht weiter. Macht nix! Schauen wir uns halt Jhansi an. Unser Zimmer für die Nacht ist recht spartanisch geprägt, wie meist in den preiswerten Unterkünften, aber ein Wasserhahn kann eine Dusche ersetzen und auf ein Loch im Boden des Nebenzimmers kann man sich setzen…

Nächster Tag: Der Weckdienst hat wie üblich verschlafen, meine innere Uhr nicht und so stehen wir um Fünf Uhr in der Frühe auf, um ohne Frühstück zum Busbahnhof zu stapfen, höchstpersönlich unsere Rucksäcke auf dem Dach des altersschwachen Busses befestigen und uns zwischen den anderen Fahrgästen zu verknoten. Indien hat halt recht viele Einwohner. Müssen die wirklich Alle in diesen Bus?

Wir kommen zügig durch. Nur ein Platten während Vier Stunden Fahrt! Hotels gibt es genügend, mit dem üblichen „Komfort". Die meisten Reisenden landen auf dem Dorfeigenen Flugplatz, besichtigen die Tempel und verschwinden wieder per Flugzeug in Ihre Luxusherbergen. Drei Wochen Indien ohne Durchfall! Ein Traum! Für Budget Traveller jedenfalls.

Die Tempelanlagen bestehen aus einer stattlichen Anzahl hinduistischer Tempel, auf denen es von erotischen Darstellungen nur so wimmelt. Die Reliefs stellen den Geschlechtsverkehr in allen nur denkbaren Formen dar und das wirklich recht plastisch! Erwähnenswert vor allem, weil in den zahlreichen Filmen aus „Bollywood" selbst ein harmloser Kuss grundsätzlich hinter einem

Baum oder sonstigen Hindernissen versteckt wird. Die Altvorderen waren wohl nicht gerade prüde! Ach ja, eine Moschee steht etwas abseits, natürlich ohne erotischen Schnickschnack. In den Restaurants werden Currys angeboten, aus nahezu Allem, was nicht schnell genug auf dem Baum ist, bei manchen dieser scharfen Gerichte sollte sich ein Tierfreund den Verzehr zweimal überlegen, aber: Kürbiscurry ist ein Gedicht! Geplant war die Weiterfahrt nach Benares an diesem Nachmittag, aber der Ort ist so schön ruhig, wenn die Nobeltouristen abgeflogen sind. Außerdem gibt es sogar zwei dieser Tempelanlagen, ein italienisches- und sogar ein Schweizer Restaurant. Wir beziehen ein, erstaunlich sauberes, Zimmer in der „Yogi Lodge", mit separatem Badezimmer, trinken noch ein paar Flaschen Bier und fallen in die Federn.

Wir schlafen uns aus. Am nächsten Morgen beginnen wir schon nach dem Frühstück, die noch in Betrieb befindlichen Tempel des Ortes zu erkunden. „Jain Tempel", die Mönche sollen manchmal nackt herumlaufen, um die Touristen zu schocken, Hakenkreuze allenthalben, sollen Glück bringen, wirken auf uns etwas gewöhnungsbedürftig. Die „Lingams" (Phallussymbole) sind bis zu zwei Metern hoch und werden jeden Tag mit frischen Blumen geschmückt. Kein Flugtag Heute, nur wenige unentwegte Rucksackreisende, Ruhe pur!

Am Mittag begeben wir uns zur Bushaltestelle. Satna heißt die nächste Stadt mit eigenem Bahnhof, alle halbe Stunde soll ein Bus in diese Richtung aufbrechen. Nach vier Stunden ohne Bus werden wir denn doch etwas nachdenklich. Wir beschließen, uns zur Hauptstrasse zu begeben – leider unmöglich, man hat alle Strassen aus dem Ort hinaus blockiert. Angeblich hat ein höherer Polizeioffizier einen alten Mann aus dem Dorf erschlagen und weigert sich nun hartnäckig, sich bei der Bevölkerung zu entschuldigen. Die Stimmung der Einheimischen ist dementsprechend aufgeheizt. Mittlerweile hängen wir zu Siebt am Busbahnhof herum: Zwei Japaner, zwei Schweden, eine Neuseeländerin, Manfred und ich. Kein Inder! Wir beschließen, Manfred und Sue, die Dame aus Neuseeland, auf die Suche nach einem Geländewagen zu schicken, damit der uns auf Schleichwegen nach Satna kutschiert. Die Japaner klinken sich aus, Sie wollen auf eigene Faust weiter. Auch OK!

Eine Stunde später kommt ein kleiner Junge und übergibt mir einen Zettel: „Harry / 3 Foreigners; Hi Guys, we are at Raja Cafe (Swiss Restaurant) we have a Jeep (600 Rupies) so come + join us,

as we have to wait 15 – 30 Minutes. Please bring ouer Bags. Sorry,
Sue + Manfred .

Also schleppen wir die beiden Rucksäcke zusätzlich zu unserem
eigenen Gepäck quer durch den gesamten Ort, bloß, um dann
festzustellen, dass sich der Preis für unsere Flucht aufgrund
„Gefahrenzulage" mittlerweile vervielfacht hat! Wir werden die
Nacht in der „New Batan Lodge" verbringen! Direkt unter
unserem Schlafzimmerfenster findet in einem offenen Zelt ein
Festival zu Ehren von Kali statt, jener aus diversen
Fernsehproduktionen bekannten blutrünstigen Göttin! Netterweise
verzichtet man auf die Menschenopfer. Gute Nacht erst mal.

Am nächsten Morgen versuchen wir unser Glück zum zweiten
Mal. Die Lage hat sich inzwischen zumindest soweit entspannt,
dass die Busse wieder verkehren. Leider hat sich das wie ein
Lauffeuer im Ort herumgesprochen. Daher ist der Bus mal wieder,
für europäische Verhältnisse, hoffnungslos überfüllt. Erschwerend
kommt noch hinzu, dass das Reisen auf dem Dach bedingt durch
die herabhängenden Äste der die Strasse säumenden Bäume mit
Rücksicht auf die Reisenden nicht gestattet ist. Die Fahrt geht
durch üppige Teakholz- und Bambuswälder, vorbei an
Diamantenminen und durch kleine beschauliche Dörfer. Ich sitze
an die Scheibe gepresst und genieße die Aussicht, ohne jedoch den
Kopf oder ein anderes Körperteil bewegen zu können. Nur Acht
Stunden später laufen wir in Satna ein. Schon eine Stunde später
bin ich in der Lage, alle Körperteile wieder bewusst
wahrzunehmen. Es ist schön, nicht mehr so beengt zu sein, auf
eigenen Füßen zu laufen und sich frei bewegen zu können. Nichts
gegen menschliche Nähe, aber für die nächsten Tage hätte ich
schon gerne etwas mehr Distanz zu meinen Mitmenschen!

Info Khajuraho: Die Tempel sind zwischen 900 und 1000 Jahren
alt, entstanden in der Dynastie der Chandela Könige. Von den
ursprünglich 85 Tempeln sind Heute noch 22 erhalten.

Benares

Start ist im Bahnhof von Satna, der Monsun tobt sich aus, draußen gießt es aus Kübeln, die heiligen Kühe drängen sich zu den wartenden Menschen im Bahnhofsgebäude, Alles ist dreckig und unsere Klamotten sind geradezu widerlich klamm! Erst so gegen acht Uhr am Nachmittag fährt unser Zug ein, stoppt kurz und fährt nahezu sofort wieder an! Meine Wenigkeit und ein weiterer Europäer schaffen es nicht rechtzeitig, das Abteil zu besteigen. Wir springen also auf den fahrenden Zug – leider einige Abteile hinter unserer kleinen „Reisegruppe"!

Die Verbindungstüren zwischen den einzelnen Waggons sind aus unerfindlichen Gründen verschlossen, aber nach relativ kurzer Zeit zieht in einem anderen Abteil jemand die Notbremse (War wohl in der Nähe seines Ziels), wir können aus dem Zug und rennen die Waggons entlang, um zum Rest der Gruppe zu stoßen! Einen wirklichen Vorteil haben wir nicht davon, jedes Abteil ist hoffnungslos überfüllt! Äußerst unbequeme Fahrt also, es ist recht schwierig, in der Hocke zu schlafen!

Dann Fahrkartenkontrolle – warum macht das hier die Armee? Warum sind die Soldaten so grimmig? Und warum sollen wir in „Coupe 3"? Ach ja: Wo zum Teufel ist „Coupe 3"? Man schmeißt unsere Gruppe aus dem Zug! Wir steigen hinter den Soldaten wieder ein! Schon wieder ein Uniformierter: „I am Officer B. Pissing" „Nee. Ehrlich?" Plötzlich haben wir selbstverständlich Liegen gebucht! Keine Ahnung, wie wir das angestellt haben, aber

Officer B. Pissing schafft es, uns auf Liegen zu verteilen, zu schmal für jeweils zwei Personen um liegen zu können, zu tief, um zu sitzen! Ich will hier 'runter! Officer B. Pissing möchte, dass seine Passagiere es bequem haben und das heißt für Ihn: Wir brauchen eine Liege! Außerdem ist es ab sofort verboten, im Gang zu sitzen, auch wenn wir genau das seit Stunden tun – und nicht nur wir! Was muss dieser Mann als Hindu in seinem früheren Leben angestellt haben, um mit diesem Namen gezeichnet zu werden? Jetzt jedenfalls sieht er seine Bestimmung darin, es seinen auserkorenen Opfern so gemütlich wie möglich zu machen und das heißt für Ihn: Sitzen! Egal, ob mein Rücken auf der Liege unter dem Waggondach aussieht wie ein Fragezeichen, egal, ob ich unserem Peiniger wortreich zu erklären versuche, dass wir nur Stehplätze gebucht haben und uns der Folterplatz also gar nicht zusteht. Er macht seinen Job gerne und duldet keine Widerrede!

Am frühen Morgen erreichen wir schließlich Benares, oder: Varanasi, wie es auch heißt, angeblich die älteste Stadt des Subkontinents, es ist Sieben Uhr Dreißig und wir haben den berühmten Sonnenaufgang über den Ghats, den Treppen zum Ganges, verpasst. Nicht, weil wir nicht vor Ort waren, nein, es waren einfach zu viele Wolken am Himmel. Wir waten ein wenig durch den - wahrscheinlich heiligen – Schlamm und klettern wer weiß wie viele Treppen empor. Frühstück aus Banana Lassie, einem Yoghurt, Eis Gemisch mit, in diesem Falle, Bananengeschmack, Tee, Toast und Omelette, erst in zwei Stunden werden Zimmer frei im „Ganga Guest House". Kaum sind wir eingezogen, fallen uns die Äuglein zu und wir ruhen uns etwas von Officer B. Pissing aus. Zwei Stunden später sind wir wieder Fit, durch die enge Gasse unter unserem Fenster steigen Rauch und Küchendünste auf, der Ventilator tut sein Bestes – Es reicht nicht. Also erklimme ich das Dach, um die Aussicht über das Gangesufer und die Altstadt zu genießen. Auch die Hotelküche befindet sich hier oben, also ordere ich mir erst mal ein Mittagessen. Gegessen wird allerdings Drei Stockwerke tiefer! Manfred kann das Zimmer leider im Moment nicht verlassen, weil er dummerweise direkt nach dem beziehen des Zimmers seine Klamotten gewaschen hat und bei der herrschenden, recht hohen Luftfeuchtigkeit. …

Nach dem Mittagsmahl wandere ich einfach so planlos durch die engen Gassen der Stadt. In die meisten Tempel darf ich, als Nicht Hindu leider nicht hinein, so bleibt mir auch das Innerer des Golden- Tempels verborgen, man kann das Echtgoldene Dach aber aus dem Fenster des Juweliers von Gegenüber bestaunen. Der geschäftstüchtige Inhaber des Ladens nutzt seine einmalige Lage, um Silberschmuck an den Mann zu bringen.

Benares ist eine hektische und laute Stadt. Hindu Zeremonien sind manchmal ziemlich laut. Hindu Fernseher immer! Jedes Gebäude beherbergt einen Tempel, ein Geschäft oder eine Pension. Unsere Unterkunft vereinigt alle Drei! Verkehrslärm dringt nicht bis ins Zimmer, dafür ist die Gasse (Oder sollte ich sagen: Gosse?) zu schmal. Trotzdem können wir recht schnell einschlafen. Officer B. Pissing sei Dank!

Wir stehen mit Sonnenaufgang auf, wandern am Ganges entlang. In der Nacht hat es geregnet, ein regelrechter Fluss aus verflüssigtem Kuhdung wälzt sich in Richtung Ganges, Holy to Holy! Die Scheiterhaufen brennen Tag und Nacht, es riecht nach Rauch. Ein in Tücher geschlungener Körper treibt vorbei, manchmal wird auf diese Weise bestattet, die Gläubigen stehen im Wasser und vollziehen Ihre rituellen Waschungen, der tote Körper stört etwas und wird durch Paddelbewegungen vertrieben. Wir werden eingeladen, den Verbrennungen beizuwohnen, soll Glück bringen. Man versucht mit Feuerwehrschläuchen die Meterdicken Schlammablagerungen von den Ghats zu spritzen, Überbleibsel der Monsunhochwasser. Die Gläubigen vollziehen Ihre rituellen Waschungen im aufgewühlten Wasser, zusätzlich zu den „normalen" Verunreinigungen der Abwässer aus den Flussaufwärts gelegenen Städten und Industrieanlagen kommt jetzt noch der Schlamm von den Treppen nahezu Tonnenweise in den Ganges - sauber im herkömmlichen Sinne werden die Pilger dabei wohl eher nicht.

Morgen fahren wir weiter!

Die Ghats von Benares, oder Varanasi, wie es auch genannt wird, sind nicht einfach nur Treppen. Im Sprachgebrauch heißen die einzelnen Terrassen des Himalajas ebenfalls Ghats. Die Stufen in den Ganges stellen also die Verbindung des heiligen Gebirges in den heiligen Strom nach.

Eins hab´ ich noch: Bombay, oder Mumbei, wie es neuerdings auch im Ausland heißt, „Queens Neckless", der Strand ist nach den Straßenlampen benannt, die Ihm nachts das Aussehen einer Halskette verleihen sollen. Tagsüber eher trostlos. Nag, ein junger Inder hat sich uns angeschlossen, angeblich Journalist, eher wahrscheinlich: Professioneller Schnorrer! (Nag heißt übersetzt: „Schlange", mit jedem Tag wird unser anfangs netter Begleiter fordernder, ärmer und kränker) Ich habe eine Ananass erstanden,

Nag entwindet mir mein Taschenmesser, er will unbedingt vorführen, wie man in Indien eine solche Frucht kunstvoll schält. Nun sind indische Messer eher Kindersicher, also recht stumpf, mein Werkzeug ist frisch geschliffen. Es kommt, wie es kommen muss: Schnitt im Daumen! Nicht besonders tief, blutet aber ganz anständig!

Mein Verbandkästchen kommt zum Einsatz. Das Verbinden eines Daumens erfordert etwas mehr, als ein Pflaster, neben einer anständigen Portion Jodtinktur geht eine Mullbinde drauf. Ich arbeite konzentriert, achte nicht auf das, was um mich herum passiert, Manfreds komisches Gekicher geht mir auf den Nerv!

Einmal aufblicken genügt. Eine Schlange von mindestens zehn Patienten hat sich gebildet, meine Mullbindenknoterei hat Eindruck gemacht, mindestens zehn Meter lang ist die Schlange der Hilfesuchenden, der Erste hat schon den Mund geöffnet und zeigt mir Seine Zunge. Ich habe meine liebe Mühe, die armen Leute davon zu überzeugen, dass der Inhalt meines Erste Hilfe Beutelchen nicht zur Heilung von TBC oder Ähnlichem taugt.

Nan, Fladenbrot auf indische Art.
Es gibt verschiedene Arten von Fladenbrot auf dem Subkontinent, Nan ist für mich der Favorit.
Zutaten:

> *500 g Weizenmehl*
> *30g Butter*
> *3 Esslöffel Vollmilch*
> *1 Becher Joghurt*
> *1 Ei*
> *1 Packung Trockenhefe*
> *1 Kaffeelöffel Puderzucker*
> *Salz, etwas „Lengkuas" (Schwarze Zwiebelsamen)*

Zubereitung:
Das Mehl mit dem Zucker, Salz und der Trockenhefe in einer Schüssel gut mischen, Milch und Joghurt leicht erwärmen, Butter schmelzen, Ei schlagen, alles mischen, eine Vertiefung in das Mehl und die Milchmischung etappenweise in die Schüssel geben. Das Ganze circa 15 Minuten zu einem Teig verkneten. Mit einem Tuch abdecken und den Teig gehen lassen, bis sich sein Volumen etwa verdoppelt hat .In zwei Portionen teilen und abermals 15 Minuten gehen lassen. Teig etwa 4 mm dick ausrollen, mit zerlassener Butter bestreichen und den Zwiebelsamen bestreuen, im Backofen

bei 200°C (Umluft 180°C) 10 bis 15 Minuten backen. Am besten heiß servieren, passen ausgezeichnet zu Curries. Je nach Geschmack kann der Teig mit Basilikum oder Knoblauch gewürzt werden.

Hao Long

Es ist keine einmalige Landschaft, die Hao Long Bay im Süden Vietnams, das Pendant befindet sich bei Krabi in Thailand. Dort herrscht allerdings Massentourismus, davon ist man hier noch weit entfernt! Es gibt (noch) keine Bettenburgen, weder auf dem Festland, noch auf den beeindruckenden Inseln, kleinen nahezu autarken, bergigen Welten im Meer. Die Einwohner ernähren sich von allem, was das Meer und Ihre Gärten hergeben, Bauland ist rar, aber man kann in den flachen Lagunen Pfähle in den Meeresgrund rammen und darauf seine Behausungen errichten, die kleine, runden Boote mit denen man seine Nachbarn besuchen und zwischen den Eilanden auf Fischfang gehen kann, bestehen aus geteertem Flechtwerk. Sehen gewöhnungsbedürftig aus. Körbe halt.

Ich reise von Hanoi aus an, quer durch die „Dry Hao Long Bay", sozusagen Inseln auf dem trockenen Land. Wenn man die endlosen Reisfelder denn als trocken bezeichnen kann! Es verkehrt eine Fähre zwischen den Felseninseln im Meer, Touristen benutzen Sie kaum, Sie hat für mich den Vorteil des billigeren, langsameren und authentischeren Transportes. Englisch oder, manchmal trifft man auf Leute, die in der ehemaligen DDR gearbeitet haben, dann wird Deutsch gesprochen, ansonsten verständigt man sich mit Händen und Füssen, ich unterhalte mich während der gesamten Fahrt prächtig, den Wortlaut wiederzugeben fühle ich mich aber außerstande. Muschelsammler suchen die Steilhänge an den Inseln ab, es herrscht Ebbe, schwimmende Händler legen an der Fähre an und verkaufen Alles, was das Herz begehrt (Und noch einiges mehr!) Nur die größeren Inseln nennen einen Hafen Ihr Eigen, die kleineren sind nur mit den Nuss-Schalen zu erreichen. Ich verlasse die Fähre in einem Hafen über einen richtigen Steg! „Cat Ba" heißt „meine" Insel. Es gibt ein Hotel, mit drei Zimmern, Fenster zum Meer, Aussicht vom Balkon über das Wasserdorf. Nachts leuchten überall die Petroleumlampen der Bewohner, auf dem festen Land ist alles elektrifiziert, die Zivilisation hat zugeschlagen! Der einzige Sandstrand der Insel kostet Eintritt!

Autos sind etwas recht Seltenes, Motorräder russischer Bauart dominieren den Straßenverkehr. Ich miete mir eines davon. Minsk heißt der 250ccm Zweitakter. Mit allen Schikanen! Die Bremse (Via Seilzug!) hat der Besitzer Verschleißfrei eingestellt, sprich: Er bremst mit den Schuhsohlen! Er achtet auch mit Argusaugen darauf, dass ich an seiner Maschine nichts verändere. Ich muss also hinter die nächste Kehre, um wenigstens die nötigsten Sicherheitsvorrichtungen in Gang zu bekommen, wenn ich schon keinen Helm habe und dieses Gefährt eine Fahrradklingel statt einer Hupe besitzt! Eingedenk der Tatsache, dass die Sträßchen der Insel recht steil sind werde ich die Bremse wohl doch ein wenig abnutzen!

Erstaunlicherweise schafft das Vehikel selbst die ärgsten Steigungen! Wenn auch nicht, ohne zu murren! Nach Einbau einer neuen Zündkerze, erhöhen des Luftdrucks und Reinigung des Vergasers steigert sich die Höchstgeschwindigkeit denn auch von etwa vierzig auf satte neunzig Stundenkilometer! Nutzt nicht wirklich was, meist fahre ich über unbefestigte Wege, daher fällt mir das Gewackel des Rahmens auch erst auf, als ich eine ältere Dame am Wegesrand aufpicke und ein paar Kilometer mitnehme. Ich glaube, die Frau ist recht froh, als Sie absteigen kann. Mir gefällt es, dass nur spärlicher Straßenverkehr herrscht, da fällt es mir nicht schwer, auf der für mich falschen, also linken, Seite zu fahren! Ich bin in den Städten „Mototaxi" gefahren, also Moped mit Fahrer, manchmal sogar noch ein Sozius, dann ich und auf dem Rücken auch noch mein Rucksack! Hat mich jedes Mal etliche Liter Angstschweiß gekostet!

Hier ist die Straßenseite eigentlich egal, die meiste Zeit ist der Weg sowieso nur so breit, wie eine einzelne Fahrspur und die meisten Leute benutzen die Straßenmitte!

Touristen ist man (noch) nicht gewohnt, ich werde bestaunt, wie ein Wesen vom anderen Stern, die kleinen Ansiedlungen im Inselinneren haben sich Ihre Ursprünglichkeit bewahrt, Wassergärten, Felder, Viehzucht und Fischfang machen die Inselbewohner nahezu Autark. So etwas wie Fernseher und sonstige Errungenschaften der modernen Zivilisation findet man zwar in nahezu jeder Hütte, aber: Braucht man das wirklich? Welch ein Unterschied zu dem hektischen Treiben in den großen Städten. Am späten Nachmittag kehre ich zurück und übergebe das Motorrad seinem rechtmäßigen Besitzer, gestenreich erkläre ich ihm, dass er vorsichtig sein soll, immerhin funktioniert das Ding jetzt wieder. Morgen noch ein Tag am Strand, etwas zu Fuß die nähere Umgebung des Hotels erkunden und dann wieder zurück auf das Festland.

Tipp für Vietnam: Die Hotelpreise sind immer in US Dollar angegeben, der Kurs des Dong (Der einheimischen Währung) verschlechtert sich aber im Grundsatz auf unerklärliche Weise über Nacht und der Preis schnellt in die Höhe. Abhilfe schafft hier das direkte Bezahlen in Dollar! Verdutzte Gesichter der Portiers inklusive!

Mekong Delta

Ich habe mich in einem kleinen Hotel in Saigon eingemietet, Ho Chi Min City, der offizielle Name der Stadt, hat sich bei den Einwohnern nicht durchgesetzt. Die allgegenwärtigen Schlepper gehen mir gehörig auf den Wecker und ich will deren Provision nicht zahlen! Ich suche mir meine Unterkunft lieber selber aus!

Es ist schwierig, sich auf eigene Faust ins Mekong Delta zu begeben, die öffentlichen Verkehrsmittel verkehren nach einem recht komplizierten, für mich recht undurchschaubarem System, leichter sind in jedem Fall organisierte Touren. Also habe ich in einem der ortsansässigen Reisebüros eine Rundreise gebucht. Wir starten am frühen Morgen. Es geht über baufällige Holzbrücken und schlammige Wege, wir fahren bequem in einem großen, wenn auch altersschwachen Reisebus – anfangs!

Das erste Ziel ist die Stadt der Cao Dai Leute, einer Sekte, deren Weltanschauung sich aus allen Weltreligionen zusammensetzt, deren Tagesablauf sich an Gottesdienst und Gebetszeiten festmacht und die Hierzulande über 2 Millionen Mitglieder zählt. Aufgebaut nach der Hierarchie der römisch katholischen Kirche, mit Bischöfen, Kardinälen und sogar einem Papst, wobei man allerdings auch Frauen die Chance zum Aufstieg bis in die höchsten Würden zugesteht!

Einige Kilometer vor Erreichen des Domes fackelt der Motor des Busses ab. Mitten im Nirgendwo! Aber man ist erfindungsreich: Wenige Minuten später kommen Motorroller mit abenteuerlichen Anhängern, auf welche man uns kurzerhand verfrachtet und weiter geht die wilde Fahrt!

Ist nicht so ganz meine Welt, die Leute begrüßen es zwar, dass man bei Ihrem Gottesdienst in dem farbenprächtigen Dom zusieht, man hat eigens zu diesem Zweck eine Empore über dem Geschehens errichtet, allein: Dunkel bleibt mir des Ritus Sinn!

Eine Stunde später wandere ich durch die leeren Gassen der Stadt, komischerweise treffe ich die gesamte Reisetruppe. Wir kommen überein, dass es nicht nur daran liegt, dass keiner des vietnamesischen mächtig ist, dass niemand den Gottesdienst bis zum Ende (In circa vier Stunden!) verfolgt hat.

In den Reisfeldern beobachte ich die Menschen bei einer besonderen Art des Fischfangs mittels Elektrizität: Zwei Kabelenden werden in die Nähe der Fische gebracht, die Wassertiere bekommen einen elektrischen Schlag und man braucht Sie nur noch aufzusammeln! Nicht ganz ungefährlich, besonders für die Fischer, jedes Jahr sterben einige von Ihnen bei dieser abenteuerlichen Art des Angelns.

Unsere Reiseleiter haben zwischenzeitlich, entgegen aller Befürchtungen unsererseits einen Ersatzbus besorgt. Wir besuchen ein Restaurant am Ufer eines Mündungsarms des Mekong. Auf dem Fluss treiben Hausboote, im Restaurant kriecht eine über vier Meter große Riesenschlange zur Belustigung der Gäste auf dem Boden herum. Weniger ein Schmusetier, mehr als Nahrung für die Gäste. Schlangen sind in Vietnam zum Verspeisen da. Die vielleicht zweijährige Tochter des Hauses hat keinerlei Achtung vor dem Python, obwohl Sie ohne weiteres als Nahrung für die Schlange dienen könnte, man krabbelt einfach um die Wette. Wenn das mal immer gut geht! Es ist allerdings Vorsicht geboten, wenn man seinen Lieben daheim die hiesige Spezialität „Snake Wine" kredenzen möchte. Aus bitterer Erfahrung am Frankfurter Zoll habe ich gelernt: Kobra heißt auf deutsch Brillenschlange, zoologisch firmiert die Schlange als „Naja Naja" und Sie ist im Washingtoner Artenschutzabkommen aufgeführt. Ohne offizielle Ausfuhr-, sowie Einfuhrgenehmigung darf die Schlange oder Teile von Ihr nicht nach Deutschland mitgenommen werden! Das Souvenir nimmt man Dir an der Zollkontrolle wieder ab. Peinlich hoch Drei! Dabei habe ich an das besagte Abkommen und an den Tierschutz gedacht, immer, wenn man mir Tigerzähne oder Rhino Hörner angeboten hat! War auch eine recht blöde Idee, eine Schlange in Alkohol zu kaufen, nur um die blöden Gesichter von Bekannten zu bestaunen, wenn ich Ihnen die Flasche nach Genuss des Getränks gezeigt hätte. Ein blödes Gesicht habe nur ich gemacht – am Zoll!

Wir essen vegetarisch!

Die Nacht verbringen wir in einem kleinen Hotel in einem winzigen Dorf. Männer mit langen Haaren sind etwas Exotisches, vor Ort laufen zwar eine Menge männliche Mähnenträger herum, aber das sind angehörige kleiner Volksstämme, bei mir muss es sich um einen Sänger handeln, so jedenfalls die einhellige Meinung! Der Monsun schlägt die Nacht über erbarmungslos zu, die Strassen verwandeln sich in Flüsse, jetzt ist das Mekong Delta wirklich ein Netz aus Wasserläufen. Das Wasser reicht bis über die Knie, da nutzen auch Wasserdichte Schuhe wenig. Wir verbringen den Abend an der Hotelbar. Wenn man denn den Tisch im Vorraum als Solche bezeichnen kann.

Früh am nächsten Morgen starten wir zu den Ku-Chi Tunneln, einer weitläufigen unterirdischen Anlage am ehemaligen Ho Chi Minh Pfad aus der Zeit des Vietnamkrieges, die Amerikaner hatten riesige Probleme mit den „Höhlenmenschen", die Tunnelsysteme haben auch Heute noch mehrere Etagen, es gibt Küchen, Hospitäler und Alles, was man zum überleben braucht, manche der Leute haben Jahrelang unter der Erde gelebt und geliebt, sogar

Kinder wurden hier geboren, während die Amerikaner über den regelrechten Städten unter der Erde nach den Kriegern Ho Chi Mins fahndeten. Wenn Sie denn einen Eingang in das Höhlensystem gefunden hatten, gab es sogenannte „Tunnelratten", Männer, die sich in die Höhle des Löwen wagen mussten. Meist war das eine Reise ohne Wiederkehr, denn die Tunnel waren gespickt mit raffinierten Fallen und die rechtmäßigen Bewohner bewaffnet bis an die Zähne! Einige der Tunnel sind Heute für Touristen geöffnet, man hat Sie erweitert, damit auch ein normal gebauter Mitteleuropäer auf Händen und Knien hindurch kriechen kann, außerdem achtet man darauf, dass sich in den zugänglichen Stollen kein giftiges Getier herumtreibt. Die ursprünglichen Tunnel sind enger, selbst Menschen ohne Klaustrophobische Ambitionen haben Ihre liebe Not, auch ohne Wachen und Fallen. Die Eingänge sind so raffiniert getarnt, dass man auf einem solchen stehen kann, ohne auch nur das Geringste zu bemerken. Zum Mittagessen wird Maniok gereicht, die typische Nahrung der Vietnamesen während des Krieges, das Knollengewächs kann leicht nachgezüchtet werden, einfach einen Ast in den Boden stecken, und wenige Wochen später hat sich eine neue Knolle gebildet. Schmeckt lecker und ist nahrhaft.

Die auf dem Pfad befindlichen vietnamesischen Truppen ernährten sich davon. Erst durch den Einsatz des Entlaubungsmittels „Agent Orange" wurde diese Art der Marschverpflegung doch arg eingeschränkt.

Zurück geht es nach Saigon, vorbei ist es mit Ruhe und Beschaulichkeit, innerhalb der Stadtgrenzen tobt der Verkehr, alles was Räder oder Füße hat quirlt über die Strassen, Pferdekarren, Mopeds und Roller in allen erdenklichen Variationen, Rikschas , Fußgänger, Autos, Traktoren, erkennbare Verkehrsregeln existieren nicht, Schrittgeschwindigkeit ist angesagt. „Es sind noch etwa fünf Kilometer bis zu den Hotels" sagt unser Busfahrer, „Wir werden also in gut zwei Stunden ankommen". Die neue Erfindung der Langsamkeit, aber besser langsam fahren, als langsam laufen.

Ich werde Morgen also sehr früh aufbrechen, um meinen Heimflug nicht zu verpassen!

Frühlingsröllchen vietnamesisch
Zutaten für vier Personen:
    30 Blatt Reispapier / Wasser zum bestreichen
    3 Karotten

2 Schalotten
3 mittelgroße Kartoffeln
100g Austernpilze
60g Glasnudeln
400g mageres Schweinefleisch,(Man kann auch Hackfleisch nehmen!)
Pfeffer / Salz
1 Liter Erdnussöl (Oder ein anderes neutrales Öl zum ausbacken)

Zubereitung:
Das Reispapier von beiden Seiten mit Wasser bestreichen, damit es geschmeidig wird, die Kartoffeln, die Austernpilze und die Karotten in circa 3cm lange schmale Streifen schneiden, die Schalotten würfeln, das Schweinefleisch ebenfalls in schmale Streifen schneiden, die Glasnudeln etwa 2 Minuten in kochendem Wasser ziehen lassen, die Zutaten auf kleinen Schalen hübsch arrangieren, in einem Fonduetopf das Öl erhitzen.
Jeder Anwesende füllt nun seine Reispapierblätter mit den angebotenen Zutaten, würzt nach eigenem Geschmack (Man kann auch Chilischoten in Streifen anbieten, für den, der es schärfer mag),rollt das Ganze gut zusammen, damit nichts ausläuft und backt seine eigene Rolle im heißen Öl aus, am besten geht das mit Kellen aus Drahtgeflecht, gibt es im Chinaladen.

Zwischenstop auf den Philippinen

Man bekommt nur ein Visa über Vier Wochen für Vietnam, es stellt aber keine Schwierigkeit dar, einen Zwischenstop auf den Philippinen einzulegen, allerdings habe ich keine besondere Lust, eine Woche in Manila zu verbringen und so besteige ich eines dieser doch recht abenteuerlichen Fahrzeuge, Jeepney nennt man diese Hinterlassenschaften der Amerikaner, ausrangierte Jeeps, verlängert und, vor Allem: Bunt bemalt! Sie übernehmen Hierzulande die gleiche Funktion wie ein Dolmus in der Türkei, fahren auf festen Routen und nehmen jeden mit, der zahlt. Eine Begrenzung der Passagierzahlen gibt es allerdings nicht: Einer passt immer noch hinein! Ich habe Glück und ergattere einen Sitzplatz. Stehplätze sind bei einer Innenhöhe von Einmeterzwanzig nicht sonderlich bequem! (Trotzdem gibt es Sie!) Auf manchen Streckenabschnitten ist der Platz aber denn doch arg begrenzt! Auf den teilweise nicht ganz so gut ausgebauten Straßen werden die Mitreisenden ganz gut durcheinander gewürfelt. Blaue Flecken gehören einfach dazu. Schon in der Hauptstadt des Inselreiches ist der starke Kontrast zwischen Reich und Arm allgegenwärtig: Während die Reichen und Superreichen in der Stadt flanieren kann man unter den Brücken, über den Abwasserkanälen im Vorbeifahren die Wohnstätten der Ärmsten sehen, ein Leben im Untergrund, man hat die Leute vom Angesicht der Straße verbannt, Lebenswert? Auf dem Land lässt der Unterschied Arm/Reich nach: Es gibt weniger Reiche!

Es regnet, Gott sei Dank ist unser Vehikel wenigstens dicht, in den frühen Abendstunden beende ich meine Fahrt für Heute und suche mir eine Bleibe für die nächste Nacht. Wenn man dieses Hotel vor sechs Uhr am Morgen verlässt, kostet es nur die Hälfte, kann mir nur recht sein, wenn ich die Logik auch nicht so ganz verstehe.

Meine Nacht endet also ein paar Minuten vor Sechs. Die Sonne ist aufgegangen und ich genieße die Aussicht auf einen Binnensee inklusive Vulkaninsel mit Kratersee. Der Taal ist ein recht niedriger Vulkan, die Besonderheit besteht in Seiner doch recht einzigartigen Lage, so auf einer Insel in einem Binnensee auf einer Insel. Der Kratersee ist also ein See auf einer Insel in einem See auf einer Insel. Zu kompliziert? Egal, Hauptsache schön! Der nächst Jeepney transportiert mich zur Küste, vorbei an traumhaften Palmenstränden und armseligen Dörfern zum Fähranleger. Ich verlasse Luzon, die Hauptinsel und nehme ein Auslegerboot nach Mindoro. Es gibt zwar eine offizielle Fähre, so mit Autotransport, aber, in Ermangelung eines eigenen Transportmittels, sprich: Autos, wähle ich den langsameren Weg. Natürlich wird auch dieses Auslegerboot, die reine Personenfähre, solange beladen, bis das Wasser nur noch wenige Zentimeter vom Bootsrand entfernt ist. Erfolg: Nasse Hosen! Enge bin ich ja schon gewohnt.

Zwei Stunden später erreichen wir einen Strand, leider nicht so einsam, wie ich Ihn mir erträumt habe, aber wenigstens gibt es keine Bettenburgen! Ich miete mir eine Hütte aus Bambus in einem kleinen Garten, es gibt kleine Restaurants direkt am Wasser und nebenan befindet sich sogar eine Tauchbasis, die zu allem Überfluss auch noch einem Deutschen Aussteiger aus Düsseldorf gehört. Ich bin zum Stammtisch der Deutschen des Strandes eingeladen. Der Abend wird länger und so werde ich am nächsten Morgen leider etwas zu spät wach, um noch an einem Tauchgang teilnehmen zu können. Ich nutze die Zeit, um die Umgebung zu erforschen.

Direkt am Strand sind nur ein paar Hütten, aber es wimmelt von Tauchbasen, im Anschluss an diesen Streifen haben sich Bars, Bodelle und Tanzschuppen etabliert, der Sextourismus ist leider auch auf dieser Insel allgegenwärtig. Ein Österreicher hat sich eine Art Burg in den Hang bauen lassen und vermietet Zimmer, außerdem nimmt er als einziger vor Ort Schecks an. So komme ich zu Bargeld.

Daran schließt sich Agrarland an, die Leute leben von Kokospalmen. In die Stämme sind Stufen geschlagen, was das besteigen erleichtert. Zwischen den Palmen stehen Rambutan- und Mangobäume. Alles hängt voller Früchte. Mit Ochsenkarren wird das Obst zur Fähre transportiert, um es auf der Hauptinsel zu verkaufen und den Einwohnern ein bescheidenes Einkommen zu bringen. Der Tourismus am Strand ist, wie gesagt, in europäischen Händen. Am Abend versuche ich in der „Barzone" etwas zu Essen zu ergattern, leider werde ich als alleinreisender Mann immer wieder von älteren Damen angesprochen, die Ihre jüngeren Begleiterinnen als „Tanzpartnerinnen" anbieten. Ich verdrücke mich schließlich an den Touristenstrand. Die Philippinische Küche lässt einiges zu wünschen übrig, aber man wird satt.

In der Nacht regnet es aus Kübeln, das Dach meiner Strandhütte ist für diese Wassermassen nicht ausgelegt und innerhalb kürzester Zeit steht der Boden meiner Behausung zentimeterhoch unter Wasser. Man soll ja auch seine Klamotten nicht einfach vor das Bett werfen. Der Tag beginnt recht früh, denn in der Nachbarschaft wird eine neue Hütte gebaut. Gut für mich, denn auf diese Art schaffe ich es rechtzeitig zur Tauchbasis.

„Mac Mac" nennt sich der Inhaber, kommt aus Düsseldorf, ist mit einer Einheimischen Verheiratet und schon einige Jahre am Ort. Ich bin der einzige Kunde, die Konkurrenz am Strand verhindert größere Tauchgruppen. Find ich gar nicht so schlecht.

Wir fahren mit dem Schlauchboot hinaus in die Lagune und verlassen das Boot, der Kapitän bleibt an Bord, um uns später wieder einzusammeln. Erst geht es durch die sogenannten

Canyons, enge und tiefe Schluchten mit Korallen an den Steilwänden, einem Gewimmel buntester Fische und relativ starker Strömung, von welcher wir uns treiben lassen. Dann durchqueren wir eine „Blue Water Zone", etwas für mich völlig Neues: Man schwebt in einer Unendlichkeit aus Blau, nur der Tiefenmesser und der Kompass dienen zur Orientierung. Ein Schwarm großer Makrelen hält sich weit unter uns auf, die Männchen sind Pechschwarz, es ist Paarungszeit. Wenn ich mich in dieser Zone länger aufhalte verliere ich das Gefühl für Zeit und Raum, für oben und unten, rechts und links, es ist faszinierend, so mitten im blauen Nichts zu schweben. Zum Glück kennt mein Begleiter sich aus und führt mich aus der Bläue hinaus in Wasser mit Grund. Wir sind fast eine Stunde getaucht und mein Luftvorrat erschöpft sich immer so schnell. Also: Boje hoch, Decopause in fünf Meter Tiefe, unser Schlauchbootkommandant wartet an der Oberfläche. Mac Mac ist sauer auf den Chef einer anderen Tauchbasis, der Bursche ist trotz Boje mit seinem Motorboot über uns weg gedonnert, nicht gerade sehr rücksichtsvoll.

Wir machen einen Stop auf einer Plattform im Meer, man verfügt sogar über ein kleines Kaffee, es ist üblich, dass sich die Taucher zum Mittagessen hier treffen. Man spart sich die Rückkehr auf die Insel. Außerdem   gibt der Aufenthalt meinem Guide die Gelegenheit mit dem Motorbootrüpel von soeben ein Hühnchen zu rupfen.

Dann geht es wieder unter Wasser, ausgerüstet mit frischen Druckluftflaschen, diesmal innerhalb des seichteren Teiles der Lagune, zur Belustigung der Tauchtouristen hat man in 15 Metern Tiefe Wracks versenkt. Ein Flugzeugcockpit aus dem zweiten Weltkrieg kann besichtigt werden, im inneren finden wir beeindruckende Meeresschnecken, die Gehäuse werden leider von den Einheimischen gesammelt und an Touristen verkauft, wir werden niemandem etwas von unserem Fund erzählen. Nur wenige hundert Meter entfernt laden die Reste einer chinesischen Dschunke   zur Besichtigung ein. Im inneren stehen fünf Pechschwarze Feuerfische von beeindruckender Größe in einer Reihe. Diese Fische, deren Giftstacheln die gleiche Wirkung haben wie der Biss einer Kobra haben zwar kein Angriffsverhalten, man sollte aber den Stacheln nicht zu nahe kommen und die Tiere auch nicht in die Enge treiben. Respektvoller Abstand ist also angesagt! Mein Tauchcomputer befiehlt das Auftauchen, bevor sich der Luftvorrat in der Flasche erschöpft hat, was bei meinem normalerweise enormen Luftverbrauch schon erwähnenswert ist.

Nach einer Abschiedsfeier am Strand und einer recht geruhsamen Nacht ohne Regen in meiner Hütte begebe ich mich am nächsten Morgen auf das erste verfügbare Auslegerboot in Richtung der Hauptinsel, man hat mir die Adresse einer günstigen und vor allem, Sextouristenfreien Pension in Manila mit auf den Weg gegeben.

Mit dem Motorrad durch Ägypten

Eine Reise durch 6 Länder auf drei Kontinenten, mit circa 9000 km auf der Honda Gold Wing und 2160 Seemeilen Fährfahrt liegt vor uns. Wir, das sind mein Cousin Manfred, dessen Frau Gudrun und ich. Ursprünglich wollte ich allein auf Tour gehen, aber mit den beiden macht es bestimmt auch Spaß!
28.04.1990: Acht Uhr morgens, Schwalmtal, es geht los. Bis Kasbach am Rhein noch ganz alleine, es ist leicht gewöhnungsbedürftig, mit dem hoffnungslos überladenen Motorrad das Gleichgewicht zu halten, aber nach ein paar Metern hat man sich an den Eiertanz gewöhnt. Manfred und Gudrun treffe ich erst beim Walter. Walter arbeitet im Auswärtigen Amt in Bonn und hat uns die nötigen Visa besorgt. Außer der Aufenthaltsgenehmigung mussten wir uns im Vorfeld noch jeweils einen internationalen Führerschein und ebensolche Kraftfahrzeugpapiere besorgen, auf die Art hat auch der Deutsche Staat noch abkassiert.
Nur kurz einen Kaffee trinken und ab auf die Autobahn. Ende der Tagesetappe, ohne einen Meter Stau und ohne einen einzigen Tropfen Regen 721 Kilometer später in Irschenberg, beim

Kramerwirt Zimmer Nummer 13. (Die 13 ist meine Glückszahl, ich mag gute Vorzeichen, schlechte ignoriere ich!)

29.04.1990: Wieder so gegen Acht Uhr Morgen auf die Piste, rüber nach Österreich, links und rechts der Strasse fahren die Leute auf Ski über den Schnee, es ist Eiskalt! Erst nach Überquerung der Alpen wird es wieder erträglich warm. Ende der Tagesetappe im Plitwitzka Nationalpark, Jugoslawien. Da, wo man die Karl May Filme gedreht hat.

30.04.1990: Wir besichtigen den eindrucksvollen Park mit Seinen 217 Hektar Wasserfläche, mit dem Bus, auf Elektrobooten und natürlich auf Schusters Rappen. Vorbei an Hunderten von kleineren und größeren flechtenbewachsener Wasserfälle, über kilometerlange Bohlenwege. Eine herrliche Gegend. Es soll hier noch Wölfe und Bären geben, wir sehen keine, leider. Das Wasser ist Glasklar, man kann die Fische in Schwärmen beobachten. Abends probieren wir dann eine der Forellen, gebraten mit Speck. Hört sich exotisch an, ist aber durchaus genießbar!

01.05.1990: Der Wind hat am Morgen unsere Zelte schon mal zur Hälfte abgebaut, in der Nacht hat es geregnet, auch jetzt ist es noch feucht und ungemütlich, wir fahren zur Küste! Ende der Fahrt irgendwo in Dalmatien, Autocamp „Basco Polje" Von Strand keine Spur, was nicht sowieso schon felsig ist hat man zubetoniert! Der Camping Platz wimmelt von Soldaten. (Vom bevorstehenden Ausbruch der Balkankrise weiß zu diesem Zeitpunkt noch niemand und auch wir ärgern uns höchstens über die Kommandorufe am frühen Morgen), Abendessen in einem Restaurant mit original sozialistischen Charme, also ungemütlich, unfreundlich, lieblos gekocht, dafür aber wenigstens billig.

02.05.1990: Ruhetag, unser Schiff ist noch nicht in Dubrovnik, wir haben Zeit und erholen uns ein wenig.

03.05.1990: Weiter geht es nach Mostar. Wir besichtigen die Altstadt mit der berühmten Einbogenbrücke und diversen Moscheen. Außerhalb des altehrwürdigen Viertels ist die Stadt eher unansehnlich, eine Industriestadt, durchsetzt mit hässlichen Plattenbauten. Also konzentriert sich die Besichtigungstour auch für uns auf die Altstadt, hier wimmelt es von Reisegruppen aus aller Welt. Mir ist es zu voll.

Wir absolvieren die Besichtigungstour und machen uns auf den Weg in Richtung Süden, kurz vor der Albanischen Grenze machen wir kehrt und beenden unsere Tagesetappe in Dubrovnik. Die Campingsaison beginnt erst im Juni, kein Platz hat geöffnet, also schlagen wir unsere Zelte auf einem geschlossenen auf. Die

Restaurants kennen keine Saison, für Verpflegung ist also gesorgt. Die Qualität ist diesmal annehmbar, die Preise etwas übertrieben!

04.05.1990: Stadtbesichtigung, einmal um die Stadtmauer kostet 10 Dinar, lohnt sich aber, denn man kann Alles aus einer gewissen Distanz betrachten, ohne von den Menschenmassen erdrückt zu werden. Fischessen in einem der diversen Touristenrestaurants ist prima, kostet allerdings auch dementsprechend, in den Touristenhochburgen ist Jugoslawien alles andere als billig.

Pünktlich um Drei Uhr Nachmittags sind die Motorräder an Bord der „Espresso Egitto" vertäut, einem Seelenverkäufer aus Italien, weshalb die Bordwährung auch aus italienischen Lira besteht, an eine Wechselstube hat man zumindest gedacht! Unsere Behausung für die nächsten Tage ähnelt einem Wandschrank mit Waschgelegenheit und WC, mit drei Pritschen und so gut wie Null Platz für unsere Habseligkeiten. Wir richten uns ein so gut es geht und hoffen, das es zu keiner Havarie kommt, durch die verwinkelten Gänge im Bauch des Schiffes an die frische Luft zu gelangen ist schon ohne Panik nicht leicht. Während der Überfahrt sind die Fahrzeuge nur schwer zugänglich, nur der salzige Wind darf an den Chromteilen nagen!

05.05.1990: Über Nacht werden die Uhren an Bord um eine Stunde vorgestellt, wir schlafen wider allen Erwartens recht gut in unseren engen Kojen, das Geräusch der Motoren wirkt beruhigend, wenn auch recht laut. In Ermangelung eines Fensters müssen wir uns im Stockdunkeln an einen Lichtschalter herantasten, was sich bei den Gepäckbergen als etwas schwierig erweist. So gegen 15.00 Uhr werden wir durch den Istmuth von Korinth gezogen, wenn unser Kahn Seine Motoren anschmeißen würde hätte das unter Umständen verheerende Folgen für die Uferbefestigung dieses Kanals, der den Pelepones zu einer Insel macht. Erst vor wenigen Jahren habe ich auf der Brücke über den Kanal Stundenlang darauf gewartet, dass sich so ein Riesenpott durch die enge Wasserstrasse quält. Die Menschen die jetzt da oben stehen haben mehr Glück. Besonders viel breitere Schiffe passen nicht durch diesen doch recht engen Durchlass. Gegen 18.00 Uhr laufen wir im Hafen von Piräus ein. Unser Schiff wird von morgens bis abends geschrubbt und so wenigstens optisch auf Vordermann gehalten, die Hafengegend leider nicht. Der Aufenthalt reicht nicht für einen Besuch Athens, wir begnügen uns mit einem kurzen Spaziergang auf dem festen Land und schon geht es wieder raus auf das Mittelmeer. Sonnen in den Liegestühlen neben dem, leeren, Pool ist angesagt. Traumschiff?

06.05.1990: Gegen 07.30 Uhr ist die Nacht zu Ende, Kreta ist in Sichtweite vor uns. Im Hafen von Heraklion ist der nächste Halt. Sofort nach dem Anlegen und noch vor dem Frühstück lassen wir uns von einem Taxi zum Palast von Knossos bringen. Der Fahrer entpuppt sich als guter Fremdenführer, der auf der Strecke auch schon mal was erklärt. Ich hätte in dem Gebirge wahrscheinlich keinen „Liegenden Mann" entdeckt. Auch das Pyramidenförmige Grab des Inseldichters wäre mir entgangen. Dafür passt das Grab natürlich exzellent zu unserem Zielgebiet. Der Palast selbst besteht zum größten Teil aus Beton, man hat versucht, einen Teil der Anlage zu renovieren, oder besser: Wieder aufzubauen. Ich finde die diversen Pergolen mit dem blühenden Oleander noch am eindrucksvollsten. Wir besichtigen also die Anlage und lassen uns zurück nach Heraklion kutschieren, Mittagessen am Hafen, stark touristisch geprägt und dementsprechend teuer, aber man hat Schwierigkeiten einen freien Tisch zu ergattern.

Auf Kreta beginnt für viele eine Art „Minikreuzfahrt", das Schiff füllt sich zusehends mit Ausflüglern, die den Hafen von Alexandria allerdings nicht verlassen werden, sondern wieder zurück nach Kreta schippern. Schon um zwölf Uhr Mittags geht es zurück auf See, Afrika entgegen.

07.05.1990: Über Nacht haben wir die letzten Seemeilen auf dem Weg nach Afrika zurückgelegt, der Lotse kommt an Bord und manövriert das Schiff in den Hafen von Alexandria, das Wasser hat eine tintenschwarze Farbe angenommen, die Kadaver zweier Kühe treiben in der undefinierbaren Brühe, Schiffswracks säumen die Einfahrt.

Die Zollkontrolle erweist sich als etwas mühselig. Ich und meine große Schnauze, so auf die Art: Harry macht das schon! Nun haben wir Drei ja den gleichen Nachnamen und das Einzige lesbare Wort in dem Wust an Papieren, der sich im Laufe der nächsten zwei Stunden anhäuft, das ich entziffern kann ist nun mal Derselbe. Leider sind die Leute in den sechs Schaltern, die es in nicht genau definierter Reihenfolge zu bewältigen gilt auch nicht viel schlauer und so fliegen die Papiere schon mal wieder aus den Kabinen auf den Gang. Einsammeln und wieder vorlegen heißt die Devise, nur nicht die Nerven verlieren! Neben mir bekommt eine deutsche Dame einen hysterischen Anfall. Keiner hat den Überblick, niemand weiß wirklich warum, aber schlussendlich machen Alle mit und wir haben die Zollformalitäten erledigt, sogar die arabischen Nummernschilder überdecken unsere heimatlichen Kennzeichen. Leid tut mir nur der Besitzer des nagelneuen Landrovers, der Bursche hat einen der „Kennzeichenanbringer" zu nahe an sein Fahrzeug gelassen: Nun hat er zwar die korrekten Schilder am Wagen, aber auch ein 10 Millimeter-Loch mitten in seiner Hecktüre. Ich, für meinen Teil, habe den riesigen Nagel und den Hammer rechtzeitig bemerkt und mein Schild eigenhändig angebracht.

Wir durchqueren den ersten Moloch der Tour, Verkehrsregeln im europäischen Verständnis scheint es nicht zu geben, jeder macht, was er will, keiner, was er soll, aber Alle machen mit! Und es klappt! „Liebenswertes Chaos" hat es ein Reisebuchautor genannt, „Irrsinnig" trifft es auch! Nur so als Beispiel: Da fährt man auf eine rote Ampel zu, in der Mitte der Kreuzung steht ein Uniformierter Mitmensch, schaut einem direkt in die Augen, beide Arme wie ein Kreuz ausgestreckt. Als unbedarftes Greenhorn halte ich an. Fehler! Der Polizist ist äußerst pikiert, da hält er extra für mich den Verkehr auf und ich verstehe seine Geste falsch! Dumm gelaufen! Martin und Christiane aus Osnabrück haben sich unserer „Reisegruppe" angeschlossen, die Beiden sind erst auf Kreta an Bord der Fähre gekommen, nun fahren wir also zu Fünft über die „Dessert Road" nach Kairo. Auf dem Campingplatz mit Aussicht auf die Pyramiden (Von einem Turm aus Beton) übergebe ich den Kabinenschlüssel der Espresso Egitto einem „Heimkehrer", ich habe das Ding soeben in den Tiefen meiner Hosentasche entdeckt.

Der Platz liegt im Garten eines Hauses, Bierholen erfordert jedes Mal eine Durchquerung des Hühnerstalls, das Federvieh ist an durstige Touristen gewohnt. Wir bestaunen den Sonnenuntergang über den Pyramiden von der obersten Plattform des Turmes und verkriechen uns anschließend in unsere Zelte.

08.05.1990: Wir mieten uns zu fünft ein Taxi, ganz schön eng, aber nicht so aufregend, als mit Fünf großen Bikes durch Kairo zu brausen. Außerdem haben wir mit dem Fahrer sogar noch einen kompetenten Führer dabei, der uns die selbsternannten Guides an den Sehenswürdigkeiten vom Hals hält! Das Ägyptische Museum der Stadt ist ein unüberschaubares Sammelsurium der Mehrtausendjährigen Geschichte des Landes, als unstudierter Ägyptologe hat man seine liebe Not, sich in dem Chaos zurecht zu finden. Tut Ank Amun ist begeisternd, Mumien findet man in jeder Ecke, nicht nur menschliche, auch alle Arten von Tieren haben die Altvorderen der heutigen Bewohner des Landes für die Ewigkeit konserviert. Ich bin denn doch froh, wieder hinaus zu finden. Das islamische Kairo ist ein unüberschaulicher Dschungel aus Beton und Stein, durchsetzt mit Moscheen, der berühmten

Zitadelle und Überbleibseln aus der Pharaonenzeit. Vom Standort der Bergfestung aus kann man bis zum Horizont die 10 Millionen Metropole bestaunen – Hinter dem Horizont geht es weiter! Wir besorgen uns im „Mena House" unseren „Sieben Tage Stempel" „Kafkaeske Zustände" steht schon in unserem Reiseführer, jeder studierte Ägypter hat ein Anrecht auf einen Arbeitsplatz im öffentlichen Dienst und so teilen sich in diesem Bürohaus bis zu Sieben Personen einen Raum von der Größe einer Besenkammer, die Papiere türmen sich zu wahren Gebirgen in den Gängen und allen freien Ecken, wer da noch durchblicken mag? Das Zentrum des Gebäudes ist der Lichthof in der Mitte, die umlaufende Fensterfront in Fünf Metern Höhe hat es mir angetan. Das Fotomotiv des Bauwerks schlechthin, ich lege mich in die Mitte des Raumes auf den Boden, die Kamera vor dem Gesicht: Entfernung und Blende einstellen, zoomen und schon stehe ich wieder aufrecht, bevor ich abdrücken kann! Nicht freiwillig, sondern unterstützt von zwei Bediensteten – Fotos in öffentlichen Gebäuden sind strengstens untersagt! Man will meinen Film konfiszieren, ich will das nicht, immerhin ist der Film fast voll und die Erinnerungen auf Zelluloid für mich sehr wertvoll! Ich werde in das Büro eines höheren Angestellten geschleift, der Mann spricht ein einwandfreies englisch, wir diskutieren, er will meinen Film, wenn nicht die komplette Kamera, ich bin noch nicht einmal zum Schuss gekommen und weigere mich hartnäckig, was meinem Gegenüber nicht zusagt, zehn Minuten später verlasse ich den Raum, mit meiner Kamera und mit meinem Film und hinterlasse einen entnervten Beamten. Zumindest haben wir es geradezu nebenbei doch noch geschafft, diesen ominösen Dreieckigen Stempel zu ergattern, ohne den die Ausreise nicht möglich, oder zumindest sehr erschwert ist!

Weiter geht es nach Gizeh, zu den wohl berühmtesten Pyramiden der Welt. Da stehen wir nun mit offenen Mündern vor den letzten noch existierenden Weltwundern des Antike, wahren Gebirges aus unvorstellbar riesigen Steinblöcken. Wie die Leute vor Tausenden von Jahren diese Monumente aufgeschichtet haben wird wohl für immer ein Rätsel bleiben. Was wohl Alles im Inneren verborgen ist und wahrscheinlich auch bleibt? Man darf die Umgebung frei erkunden, nur das Besteigen ist strengstens untersagt! Schade! Wir besichtigen das innere der Cheops Pyramide, der größten der Drei hier versammelten (Es sind noch mehr, wenn man die sogenannten „Königinnen-Pyramiden" hinzuzählt.) Durch den von Grabräubern gebuddelten Gang geht es in das Geheimnis des Altertums, in sehr unbequemer, gebückter Haltung durch einen schier endlosen Tunnel, Einer hinter dem Anderen. Die Luft ist stickig, es riecht nach menschlichen Ausdünstungen, immer wieder stoße ich mit dem Rücken an die Decke. 137 Meter Gestein türmt sich über uns auf, 5.750.000 Tonnen Gesamtgewicht hat man ausgerechnet 2.568.000 Kubikmeter verteilt auf 2.300.000 Kalksandsteinblöcke. Imponierend! Zuerst ist der Weg noch eben, dann geht es stetig bergauf, endlich erreichen wir die Galerie, aufrecht stehen ist angesagt und Treppensteigen, es sind zu viele Menschen auf der Treppe, die Luft ist verbraucht und es stinkt. Dann der Eingang in die Grabkammer. Ein einzelner, aufgebrochener, schmuckloser Sarkophag steht am Ende des kleinen Raumes, keine Reliefs, keine Gemälde schmücken den kahlen Raum, es riecht nach Urin, ich will hier 'raus!

Es ist ein wirklich schönes Gefühl, diese bedrückende Enge wieder zu verlassen und die frische Luft auf dem Plateau zu atmen.

Eine wirkliche Wohltat stellt dann das relativ neue Museum mit der Sonnenbarke dar – vollklimatisiert – eine der beiden, neben der Pyramide im Sand versteckten, Barken steht dort zur Besichtigung bereit, den meisten Besuchern des Geländes bleibt der hässliche Betonbau verborgen, liegt er doch im Schatten der Riesengebilde. Aber das Schiff, komplett aus Holz, ohne einen einzigen Eisennagel hat durchaus seinen eigenen Reiz, gebaut, um dem Pharao seine Reise am Himmelszelt zu ermöglichen, es sieht so aus, als ob der Herrscher auch nach über Viertausend Jahren noch „in See stechen" könnte! Die Kameras werden am Eingang eingesammelt, es sei denn, man ist bereit, die horrenden Fotogebühren zu bezahlen, oder, man kann Seine Zweitkamera einschmuggeln!

Erholt verlassen wir die Ausstellung und begeben uns zur Sphinx, jenem Löwenwesen mit Menschenkopf, der Obelix die Nase abgeschlagen hat. Im Moment ist das Denkmal mit Holzgerüsten verbaut, man versucht, die Zeichen der Erosion zu beseitigen, wir dürfen auf den Holzgebilden herumkraxeln und kommen so recht nahe an die Steinskulptur heran. Irgendwelche Idioten haben natürlich die Daten Ihres Besuches in die Jahrtausende alten Steine geritzt. Kilroy war auch schon hier!

Zum Abschluss unseres Besuches krabbeln wir noch in die Pyramide des Mykernos, die des Chefren ist geschlossen. Auch im inneren dieses Bauwerkes befindet sich: Nichts!

Unser Chauffeur hat brav gewartet, weiter geht es nach Sakkara, Mittagspause an einer Art Autobahnraststätte, scheint sich um

Verwandte unseres Taxi Chauffeurs zu handeln, geschäftstüchtig ist der Bursche also auch noch!

Erst ein Bruchteil der Nekropole von Sakkara hat man dem Wüstensand entrissen, es warten also noch einige Überraschungen auf die Archäologen! Man darf also gespannt sein!

Die berühmteste der versammelten Pyramiden ist gleichzeitig die Älteste Ägyptens und wurde für den Pharao Djoser errichtet, Sie ist auch als „Stufenpyramide" bekannt, leider bleibt uns das Innere verborgen, ja, wir würden uns noch mal auf die Knie begeben! Man gönnt sich ja sonst nichts! Dafür besichtigen wir die letzte Ruhestätte des Thi, im Inneren dieser, eher kleinen, Pyramide sind die Wände über und über bemalt. So habe ich mir bis vor wenigen Stunden auch die Großen vorgestellt! Wir haben dann aber doch recht schnell genug Kultur für den heutigen Tag getankt und lassen uns zurück zum Camp fahren. Vorbei an diversen Nilkanälen, die, wenn Sie nicht völlig von Wasserhyazinthen überwuchert sind als Wasserreservoir, Waschstelle und Badeplatz genutzt werden, leider dienen Sie auch als eine Art offener Kanalisation. So heiß kann es auch hier nicht werden, dass ich in Ihnen bade! Die Leute haben zeitweise Ihre Bettgestelle am Rande der Strasse aufgestellt, um die Kühle der Nacht unter freiem Himmel zu verbringen, die Reicheren schlafen meist auf den Flachdächern der Wohngebäude. Als zweite Gefahr für Nachtfahrten lauern allenthalben riesige, nicht gesicherte Baugruben. Wenn wir bei Dunkelheit mit unseren Krädern hier durchfahren sollten, sollten wir hellwach sein!

Am Abend ist es dann so weit, wir fahren mit einem ganzen Convoy schwerer Motorräder zum Abendessen durch halb Kairo. Der Tisch biegt sich unter den Mengen an Speisen, wir tafeln bis aber auch nichts mehr ´reingeht! In der Dunkelheit geht es zurück, so was wie Straßenbeleuchtung ist in den Randbezirken der Riesenstadt nahezu unbekannt, auch aus den Häusern dringt kaum ein Lichtstrahl nach draußen. Und dann fängt ein Spielchen an, dass auch bei bestem Wohlwollen nicht nachzuvollziehen ist: Immer, wenn einem in diesem Land bei Dunkelheit ein Fahrzeug entgegenkommt machen beide die Lichter aus! Mal abgesehen vom Linksverkehr in einigen Ländern der Erde, wohl die beknackteste Verkehrsregel der Welt! Vor allem, wenn man an die Baugruben und die schlafenden Menschen am Wegesrand denkt! Nun hat der normale Kraftfahrer dieses Landes auch keine anderen Augen als Unsereins und so muss auch der Gegenverkehr ab und an aufblenden, um den Straßenverlauf nicht aus den Augen zu verlieren. Es herrscht also ein ständiger Wechsel zwischen

Stockdunkel und Taghell! Die Ausnahme bilden die Lastkraftwagen, denn Diese haben neben den, meist sowieso defekten, Hauptscheinwerfern, meist eine Art Weihnachtsbeleuchtung, die dem Fahrzeug besonders bei Nacht eine festliche Illumination verleit. Unmöglich für normale Augen, sich auf die jeweilige Situation einzustellen! Eine Art „Russisch Roulette" auf Rädern. Bemerkenswert vor Allem darum, dass Verkehrsregeln Hierzulande eher Mangelware sind und sich auch an die wenigen existierenden kaum einer hält! Wie durch ein Wunder schaffen wir es aber doch alle, unversehrt bei unseren Zelten anzukommen.

09.05.1990: Früh am Morgen, nachdem die Zelte abgebaut und die Motorräder bis an die Grenze der Belastbarkeit beladen sind (Wir haben jeweils noch zwei Reservekanister mit Benzin geladen, die Tankstellen sind auf der Wüstenstrecke eher Mangelware!), trennen wir uns fürs Erste von Martin und Christiane, die Beiden wollen das Niltal entlang nach Luxor. Manfred, Gudrun und ich haben auf der Fähre mit einem erfahrenen Ägyptenreisenden gesprochen und uns auf dessen Rat hin für die Oasenstrecke entschieden, um auch mal eine kleine Wüstenerfahrung zu bekommen.

Die Straße ist in relativ gutem Zustand, wenn man von Kilometerlangen Sandverwehungen mal absieht, auf welchen das Fahren mit den schweren Maschinen zur Zerreißprobe für Mensch und Technik wird. Das viele Gepäck trägt ein Gutteil dazu bei, das wie mehr als einmal nur knapp an einem Sturz vorbei kommen. Wenn sich die Wanderdünen zu hoch über dem Straßenbelag türmen baut man hier die Straße um die übermächtige Natur herum, am Rand liegen immer wieder Tanks, die einfach von den Lastern gefallen sind, Stricke aus Hanf reichen einfach nicht aus, um 5000 Kg sicher zu transportieren. Versteinertes Holz zeugt von Wäldern in grauer Vorzeit, der Sand schmirgelt einem die Haut von den Händen, wir fahren trotz der enormen Hitze mit Handschuhen. Das einzige Lebewesen weit und breit ist eine Walzenspinne, ernährt sich, laut Tierbuch, von Skorpionen, diese Tiere habe ich aber leider noch nie in freier Wildbahn bestaunen dürfen. Außer uns Dreien verkehren zurzeit nur Linienbusse auf der Piste. Bei kleinen Pausen ist die Stille geradezu Atemberaubend. Sandteufel, kleine Windhosen voller Staub, wandern über die Strasse, man kann den Sand riechen! In der Ferne glitzern Fata Morganas.

Unterbrochen wird die Reise alle paar Kilometer durch auf der Straße verteilte Ölfässer: Polizeikontrolle! Jedes Mal werden die Pässe penibel in Augenschein genommen und Daten daraus in irgendwelche Listen übertragen, jedes Mal fehlt uns danach ein Kugelschreiber oder ein Bleistift. Schreibutensilien sind Mangelware!

Baharia heißt die Oase, in der wir die Nacht verbringen, genauer: Im Hotel „Alpenblick". Man verfügt über WC und Waschbecken, sogar Duschtassen stehen im Wüstensand! Wenn jetzt noch fließendes Wasser vorhanden wäre!

Die Betten sind aus solidem Stein gemauert, gedämpft von einer Matratze aus Strohsäcken. Nichts geht über einen eigenen Schlafsack!

Eine Gruppe Enduro Freaks aus dem Süden Deutschlands hat ebenfalls Quartier bezogen. Die Jungs sind etwas verwundert über unsere Straßenmaschinen. „Mit der Goldwing kriegst Du Probleme" ist die einhellige Meinung.

Wir werden sehen. Erst mal versammeln wir uns im offenen Hof unserer Unterkunft. Die ersten Biere holt der Hotelier noch einzeln aus der Oase, so richtig schön in Seidenpapier eingeschlagen. Sein Weg führt Ihn jedes Mal über den Friedhof der Ortschaft. Während früher ein enormer Aufwand bei Beerdigungen betrieben wurde, verscharrt man Heute die Verstorbenen eher etwas zu flach, jedenfalls liegen auf der Sandfläche überall Knochen herum. Es gibt jede Menge halbwilder Hunde! Das „Alpenblick" liegt auf einer kleinen Anhöhe, wir können den ganzen Ort überblicken. Es gibt noch eine zweite, staatliche, Unterkunft für Touristen, aber dem eintönigen Betonbau fehlt jegliches Flair. Den Abend verbringen wir in lockerer Runde, einige Bewohner des Ortes nutzen die seltene Gelegenheit um Ihr Englisch aufzufrischen, beim Schein der Petroleumlampen sitzen wir bis tief in die Nacht beisammen.

Entgegen aller Erwartungen können wir auf den gemauerten Betten bequem schlafen, zumindest, wenn man von den nervenden Mücken mal absieht!

11.05.1990: Weiter geht es durch die Wüste, die Bahnschienen verlaufen zeitweise neben der Straße, häufig liegen entgleiste Waggons im Wüstensand, Farafra heißt die nächste Oase, nicht gerade aus dem Bilderbuch, eher staubig und ärmlich, touristisch zwar nicht erschlossen, trotzdem belassen wir es bei einem doch recht kurzen Aufenthalt. Die Straße verschwindet zusehends unter dem Wüstensand, wir müssen häufiger eines der Motorräder aufheben, zu langsam sollte man im weichen Sand nicht fahren! Einmal buddelt sich mein Straßenkreuzer bis zu den Koffern ein, da hilft dann nur noch: Abpacken, ausgraben und auf Alphalt schieben! Unser Etappenziel ist die Oase Mout, auch nicht das, was wir uns erträumt haben, aber es wird dunkel und bei den jetzt doch recht häufigen Verwehungen auf der Straße wollen wir nur am Tag fahren.

Wir beziehen ein Dreibettzimmer mit Stahlblechbetten im einzigen hotelähnlichen Gebäude des Ortes, immer, wenn sich jemand im Schlaf bewegt, ist der Rest der Besatzung wach. Zuzüglich zum Zimmerpreis wird „Kurtaxe" erhoben! Ich finde das ja schon an der Ostsee unverschämt, aber für diesen Ort? Man begründet den Zuschlag mit dem Vorhandensein heißer Quellen. Essen im „Abu Mohamed Restaurant", laut Werbung auf der Speisenkarte: „Der sauberste Platz am Ort!"

Wir sind recht staubig und so packe ich mein Waschzeug unter den Arm und begebe mich in Richtung Etagendusche, nur um auf dem Absatz kehrt zu machen. „Du stinkst immer noch" lässt Gudrun verlauten. „Mir doch egal" entgegne ich. Frauen haben eben feine Nasen. Gudrun macht sich also etwas sauer auf den Weg zur Dusche. Bruchteile einer Sekunde später steht Sie leichenblass wieder im Zimmer. Ich kann doch nun wirklich nichts dafür, dass die Toilette wahrscheinlich seit längerer Zeit verstopft ist. Auch, dass die „Alten Bekannten" bereits die Duschwanne gefüllt haben hätte ich ihr gesagt, wenn sie mich denn dazu hätte kommen lassen.

Der Zorn verraucht recht schnell, wir besorgen uns noch ein paar Flaschen „Stella", wie das einheimische Bier heißt und schlafen ein. In dieser Nacht bekommt ein Einwohner des Ortes seine erste Fahrstunde. Also lernt er die wichtigste Regel im ägyptischen Straßenverkehr: Hupen! Ausführlich und Stundenlang. Ende der Stunde erst im Morgengrauen, das Hupen wird von den Megaphonverstärkten Gebeten des örtlichen Muezzin abgelöst. Die Nacht war eher nicht erholsam!

12.05.1990: Manfred und Gudrun pflegen einen Ehekrach! Ich fühle mich etwas fehl am Platze und verabschiede mich. Alleine fahre ich los, nur um wenige Kilometer später mit dem Vorderrad in weichem Sand zu versinken und aus eigener Kraft nicht mehr weiter zu können. Also warte ich inmitten der schier unendlichen Einsamkeit der Sahara auf meine beiden Begleiter. Die Stille ist überwältigend! Schon eine Stunde, bevor meine streitbaren Begleiter ankommen kann ich die Motoren hören! Das einzige

Geräusch außer dem rieselnden Sand, dem Geräusch der wandernden Dünen sozusagen. Gemeinsam befreien wir die Goldwing aus Ihrer misslichen Lage und ich mache mich wieder davon, Richtung Niltal!

Kaum der Einsamkeit der Wüste entronnen finde ich mich im Verkehrschaos der längsten Oase Ägyptens wieder, hupen, kaputte, rußende Auspuffanlagen, direkt vor mir verliert ein Laster Seine Ladung, schwere Kalksteine kollern unkontrolliert über den Fahrweg, nur mit Glück komme ich ohne Blessuren durch den Slalomparcours. Ich will durch bis Luxor, also erst mal nach Theben West, dort soll es eine Fähre geben. Leider defekt, aber die Leute am Flussufer behaupten, man kann auch die kleinere Personenfähre nutzen, da werden immer Motorräder mitgenommen!

Blauäugig zwinge ich mein Monstrum auf zwei Rädern die Uferböschung hinunter auf ein Pontonfloß, begleitet vom knirschen des Metalls. Ziemlich wackelige Angelegenheit. Als dann die Fähre endlich anlegt, und an die Einhundert Menschen, bepackt mit allen möglichen Gütern, angefangen von lebenden Hühnern bis zu ausgewachsenen Kühlschränken das Schiff verlassen beziehungsweise betreten, habe ich schon meine Liebe Mühe, das Gleichgewicht zu halten! Mofas kann man über die Stufen tragen, die Goldwing eher nicht, auch wenn viele hilfreiche Hände schieben und zerren! Nachdem endlich Ruhe eingekehrt ist verlasse ich das schwankende Floß!

Ein Jugendlicher auf einem Mofa empfiehlt mir ein Hotel, angeblich ganz in der Nähe, ich soll Ihm folgen. Vorbei an Bewässerungskanälen und Gemüsefeldern geht die Fahrt, der Trampelpfad wird immer enger, plötzlich rechts und links von hohen Maispflanzen gesäumt, aus den Pflanzungen taucht eine Horde Jugendlicher auf, offensichtlich Bekannte meines Führers. Ich bin umzingelt! Man freut sich über den seltenen Anblick eines Europäers. Schulterklopfen und Hände drücken ist angesagt, das empfohlene Hotel ist in Sichtweite, noch einmal am Gasgriff drehen und ich bin da!

Es sind Zimmer frei, sogar recht sauber und mit eigenem Bad, ein Restaurant mit echtem Bier im Angebot befindet sich auf dem Dach des Gebäudes, eine leichte, kühlende Brise weht, mit Anbruch der Dunkelheit füllen sich die Tische, die weniger orthodoxen Muslime treffen sich zum Abendschoppen. Etliche sind der englischen Sprache mächtig, ich werde freundlich in die Gespräche aufgenommen, es wird ein langer Abend, die häufigen

118

Stromausfälle stören weniger, die Petroleumlampen sind nicht von Elektrizität abhängig.

13.05.1990: Da ich mich schon auf dieser Seite des Nil befinde starte ich nach dem Frühstück eine Besichtigungstour. Das Tal der Könige ist wenige Kilometer entfernt, das Motorrad ist vom Gepäck befreit, ein völlig anderes Fahrgefühl! Die Händler vor der großen Nekropole haben ein wachsames Auge auf meine Maschine, während ich mich in den Untergrund begebe. Nahezu alle Grabanlagen sind für die Besichtigung geöffnet. Die Erlaubnis zum Fotografieren kostet ein kleines Vermögen, aufmerksame Wächter sind allgegenwärtig, ich begnüge mich mit Fotos des Tales! Die einzige, noch im Sarkophag belassene Mumie ist Die des Tut Ankh Amon, die Grabbeilagen haben wir vor wenigen Tagen in diesem chaotischen Museum in Kairo bewundert. Wenn man dieses doch eher kleine Grab besichtigt und den direkten Vergleich zu den Anderen Anlagen hat kann man sich kaum die immensen Reichtümer vorstellen, die man einem Ramses mit auf den Weg in die Ewigkeit gegeben haben muss! Nach einem Tee mit den Händlern am Ausgang fahre ich zum Tempel der Hatschepsut, das Gemäuer ist erstaunlich gut erhalten, ähnelt allerdings einem modernen Parkhaus. Ich nehme einen einheimischen Anhalter mit zum Nil, sozusagen als Dank zeigt mir der Junge eines der Noblen – Gräber. „Normalen" Reisenden bleibt dieses Grab eher verborgen, erzählt mir mein Begleiter. Für Heute soll das das letzte Grab für mich sein!

Meine Maschine stelle ich am Ufer ab, der Mofafahrer von Gestern hat direkt an der Anlegestelle der Fähre eine Werkstatt und passt auf die Goldwing auf. Die Kinder der Umgebung haben für die nächsten paar Stunden ein neues Spielzeug!

Diesmal quetsche ich mich auf die Fähre, es sind wirklich einige Motorräder mit an Bord, allerdings eher kleinere Vertreter ihrer Rasse!

Am anderen Ufer liegt Luxor, hier befinden sich die Unterkünfte der Pauschaltouristen, man ist an Europäer gewohnt. Ich miete eine der zahlreichen Pferdekutschen, es kostet einiges an Mühe, nicht in einer „Kalesch" zu fahren! Die Kutscher sind äußerst hartnäckig! Am kleinen, aber feinen „Luxor Museum" verlasse ich die Kutsche, trotz „Air Condition from Allah" Die wenigen Ausstellungsstücke im inneren des Gebäudes sind schön platziert, ich habe die Installationen für mich alleine und dementsprechend Ruhe für meine Besichtigung. Auch der Luxor Tempel ist nicht von Besuchermassen belagert, die Massen sind um diese Zeit im

Tal der Könige, ich bewege mich etwas zeitversetzt zu den Leuten, die den Regenschirmen der Reiseführer hinterher hecheln müssen! Dann lasse ich mich von einem der Kapitäne auf seiner Feluke mitnehmen, jenen klobigen Segelbooten von denen der Nil hier geradezu wimmelt. Nach zähen Verhandlungen vereinbaren wir einen für beide Seiten akzeptablen Preis, ich will das Boot am gegenüberliegenden Ufer verlassen. Mitten auf dem Fluss verdreifacht sich dann die ausgemachte Summe. Angeblich wegen fehlendem Wind! Ich muss, genau wie der Kapitän, zu den Rudern greifen und den Wind mit Muskelkraft ersetzen. Schon in Ordnung, aber die Sache mit dem Preis: Nicht mit mir! Da kann sich mein Schiffsführer winden und wenden, wie er will. Wütend setzt mich dieser Gauner am falschen Ufer wieder ab, gut, fahre ich eben wieder mit der Fähre zurück!

In den stillen Buchten am Ufer, dem von Theben wohlgemerkt, auf der Luxorseite gibt es keine Ruhe, treiben die Fischer ihre zukünftige Beute mittels schlagen mit langen Stangen auf die Wasseroberfläche in die Reusen.

Manfred und Gudrun sind mittlerweile auch eingetroffen, die beiden Motorräder stehen, kaum erkennbar unter der Kinderschar, neben Meinem am Ufer. Achmed, mein Guide von Gestern und heutiger Wächter der Maschinen hat meine Beiden Mitreisenden abgefangen und ebenfalls in „meinem" Hotel einquartiert. Mit der nächsten Fähre treffen Sie dann auch ein und gemeinsam fahren wir in unsere Unterkunft. Martin und Christiane wohnen im „Old Wintergarden Palace", dem altehrwürdigen Hotel an der Corniche, der Uferstraße von Luxor. Am Abend gehen wir gemeinsam in einem schwimmenden Restaurant auf dem Nil zum Essen. Mit Ausblick auf das beleuchtete Luxor, auf der „Touristenseite" klappt das mit dem Strom ausgezeichnet!

14.05.1990: Wir treffen Martin und Christiane am Fähranleger, packen die Beiden auf unsere Soziussitze und fahren die Sehenswürdigkeiten ab. Vor dem Tal der Könige treffe ich meine Händler von Gestern, da klar ist, dass ich nichts kaufen werde unterhalten wir uns wie alte Freunde, unterbrochen nur von Busladungen potentieller Käufer, während der Rest der Gruppe in den Gräbern verschwindet. Das Ramasseum und die verfallenen Memnonkolosse sowie das Tal der Königinnen besichtigen wir gemeinsam. Ich bin auf dieser Nilseite mittlerweile bekannt wie ein bunter Hund, mag auch an meinem, hier etwas auffälligen, Gefährt liegen. Den Nachmittag verbringen wir am Pool des Wintergarden. Schwimmen im warmen Wasser, Sonnenbaden, wir relaxen und fallen in der Masse der Pauschalurlauber nicht weiter auf. Geschützt vor allzu aufdringlichen Straßenhändlern , die einen auf den Basaren dieser Stadt, in die die Touristen auch mit Hotelschiffen aller Luxusklassen geschippert werden, nahezu unaufhörlich belagern, genießen wir die Ruhe. Am Abend überqueren wir den Nil zum Wiederholten Male mittels Fähre, Achmed hat mit seiner Gang auf die Motorräder aufgepasst. Nachdem wir einige Kleinkinder von den Sitzen entfernt haben können wir in unser Hotel zurück und das Dachrestaurant genießen!

14.05.1990: Noch mal Kultur pur genießen, die gut ausgebauten Straßen zu den Sehenswürdigkeiten und das fehlende Gepäck machen schon das Fahren zur angenehmen Tätigkeit. Einfach so am Ufer des Nil sitzen und dem Treiben auf dem Strom zusehen, relaxen vor der nächsten Etappe.

15.05.1990: Früh am morgen brechen wir auf, bedingt durch die hierzulande nicht so eng gesäten Brücken, treffen wir Martin und Christiane erst einige Stunden später, um von Stund an unseren Weg zu Fünft fort zu setzen. Der Verkehr hat sich mittlerweile normalisiert, oder: Wir haben uns akklimatisiert. Zelte am Wegesrand ersetzen die in Europa üblichen Raststätten, Gott sei Dank bieten die meisten neben dieser braunen amerikanischen Brause auch den in Ägypten üblichen gesüßten Malventee an, mit steifem Schaum, ein Genuss! Wir fahren trotz der Hitze zumeist mit Handschuhen, der allgegenwärtige Sand hat die Wirkung von Schmirgelpapier.

In Assuan besuchen wir das „Old Cataract Hotel" und trinken den Leuten auf der Terrasse den kompletten Vorrat an frisch gepressten Säften weg. Die Zimmer im Hotel sind uns etwas zu überteuert, zumal nur noch Suiten frei sind. Schon Agatha Christie logierte in dem altehrwürdigen Gemäuer, „Mord auf dem Nil" soll hier entstanden sein. Das Ambiente ist aber auch einmalig, so inmitten eines grünen Parks, mit Aussicht auf die Insel Elefantine mit dem berühmten Nilometer, einem Pegel aus der Zeit der Pharaonen. Wir beziehen ein moderneres und preiswerteres Hotel in unmittelbarer Nähe, nicht das Flair des „Old Cataract", aber zumindest mit der gleichen Aussicht! Der Manager lässt sich partout nicht auf eine Preisminderung für die Übernachtung ein, als Trost gibt es pro Zimmer eine Flasche einheimischen Weins. Schmeckt irgendwie nach Wüste, also sandig.

16.05.1990: Morgens um Vier Uhr Dreißig aus den Federn, erst mal die Leute, die vor der Tankstelle auf Pritschen schlafen

wecken, voll tanken, (Achtung: Immer selber machen, die
Burschen lassen die Zapfpistole grundsätzlich während des
Herausziehens weiterlaufen. Es gibt angenehmeres, als
Benzingetränkte Hosen!) Reservekanister füllen, es ist nicht sicher,
dass die Tankstelle am Abu Simbel geöffnet hat, Trinkwasser für
die Wüstenstrecke aufladen und ab geht die Fahrt! Die Strasse ist,
für hiesige Verhältnisse, super ausgebaut. Nach nur etwa 150 Km
gibt es sogar eine Art Raststätte mit Kaltgetränken! Wir treffen
eine Dromedar Karawane, auf dem Weg vom Sudan in die
Fleischfabriken Assuans. (Kamelfleisch schmeckt irgendwie nach
nichts, wir bleiben bei Rind oder dem allgegenwärtigen Huhn,
Schwein gibt es im Innenland religionsbedingt natürlich nicht)
Die Tempel sind ja bekannterweise vor den Wassern des
Nassersees in Sicherheit gebracht worden, die Felsen, an denen Sie
lehnen bestehen aus Beton, allerdings hervorragend getarnt! Man
kann ins innere der Felsen und die Halle besichtigen. Wir schauen
uns die Sehenswürdigkeiten und den eher traurigen Rest der
Siedlung an, um dann vor Eintreffen der Reisebuskolonne den
Heimweg anzutreten! Leider trifft Manfred auf halber Strecke mit
seinem Hinterrad den einzigen Nagel auf 300 Kilometern:
Plattfuss! Wir spannen ein Sonnensegel auf, ich schwinge mich in
den Sattel, um Hilfe zu holen und der Rest unserer kleinen Gruppe
startet einen Reparaturversuch bei über 40° C!
So schnell mich meine Reifen tragen brettere ich über den Asphalt,
in unserem Hotel kann mir Niemand mit Werkzeug oder einem
transportablen Kompressor aushelfen, dafür gibt es reichlich
Malventee. Ist zwar für eine Busgruppe gedacht, die man jederzeit
erwartet, aber ich habe auch Durst!
Auf dem Campingplatz leihen mir dann freundliche
Wohnmobilfahrer wenigsten ein paar Montiereisen! Derart
bewaffnet mache ich mich auf den Rückweg. War umsonst, in der
Wüste hilft man sich! Ein Reisebusfahrer hat die Panne bemerkt
und mit Flickzeug und Druckluft ausgeholfen! Man kommt mir
also schon entgegen! Den Abend verbringen wir innerhalb der
touristisch doch schon sehr erschlossenen Atmosphäre Assuans:
Man spricht, unter Anderem, Deutsch! Den allzu aufdringlichen
Händlern erzähle ich immer, ich käme aus Russland – 1990 hat
man mit dieser Behauptung noch seine Ruhe!
17.05.1990: Zurück nach Luxor! Ich fahre vor, die Anderen haben
den Karnak Tempel bereits besichtigt, mir fehlt die
beeindruckende Anlage noch. Nach dem Besuch trinke ich noch
eine Cola (Ausnahmsweise!) vor den Ruinen. Umgerechnet Eine

Mark und Fünfzig will der Gauner dafür haben! 15 Pfennige sind üblich! Wir verhandeln ein wenig, ich bezahle 15 Pfennige! Etwas später trifft ein Pärchen aus Deutschland ein, der Mann ist „Stolz wie Oskar", als er den Kioskbesitzer um einige Pfennige herunterhandelt, ich fühle mich bemüßigt, noch ein zweites Getränk zu mir zu nehmen. (Gemein, ich weiß!)

Kaum, dass die restliche Truppe eingetroffen ist, geht es auch schon weiter, wieder durch einen Teil der Sahara, Richtung Rotes Meer, Hurghada heißt unser Ziel, von dort aus gibt es angeblich eine Fähre, die uns mitsamt den Maschinen auf die Halbinsel Sinai übersetzen können soll.

Unterwegs findet Manfred wieder einen Nagel, diesmal in bewohntem Gebiet, während der Flickaktion bedient sich die Jugend des Ortes an unserem Gepäck: Man besorgt sich kleinere Souvenirs. Einer der Erwachsenen spricht ein Machtwort und man lässt uns in Ruhe werkeln. Die Gesänge, die man in der Nähe anstimmt hören sich allerdings recht bedrohlich an. Die Gegend ist mir nicht ganz geheuer! Auf der Weiterfahrt fliegen einige Steine und aggressive Gesten werden gemacht, wir sind recht froh, endlich an der Küste anzukommen. Staubwolken hinter uns herziehend erreichen wir das Sealand Camp, eine Tauchbasis mit angegliedertem Campingplatz. In der platzeigenen Bucht schnorcheln wir in Schwärmen von Sepias, jenen Fischen, die die Meisten nur als „Calamarie Frittie" kennen. Eine Gruppe Einheimischer ist mit einem Netz auf Fischfang. Zubereitung gleich vor Ort: Einfach rauf aufs Feuer und warten, bis die Meeresbewohner gar sind. Wir sind zum Essen eingeladen, Vorsicht ist angebracht, will man nicht auch die Eingeweide verzehren! Das Camp ist etwas außerhalb des Touristengettos, man kann in aller Ruhe über die Riffplatte wandern, Haarsterne leben in kleinen Tümpeln anscheinend in Symbiose mit kleinen Muränen, jedenfalls transportieren die kleinen Viecher Fischstückchen, mit denen ich Sie füttere in Richtung des Muränenbaus, verpflegen sozusagen den Fisch! Was die Muräne zu dieser Partnerschaft beiträgt kann ich leider nicht beobachten.

Der Besitzer der Anlage achtet streng darauf, dass niemand Korallenteile oder Muscheln vom Strand mitnimmt, zumindest in dieser kleinen Ecke soll die Natur intakt bleiben!

Die nächsten zwei Tage verbringen wir in der Abgeschiedenheit des Strandes, schnorcheln im kristallklaren Wasser und relaxen.

20.05.1990: Wir haben Tickets für die Fähre in der Tasche, die Motorräder haben wir bewusst zum Buchen mitgenommen, damit sich der Verkäufer die großen Maschinen ansehen kann: „Kein Problem, passen auf die Fähre"

Nun stehen wir vor besagtem Schiff, eine Enduro BMW haben wir mit vereinten Kräften über die schmale Planke an Bord gewuchtet, mit viel Glück könnten wir unsere Reisedampfer vielleicht an Deck bekommen, aber ohne Kran garantiert nie wieder an Land! Der Kapitän stimmt uns zu und erstattet anstandslos den Fahrpreis zurück.

Wir brausen über die Küstenstrasse am Golf von Suez entlang Richtung Sinai, immer schnurgeradeaus! Wir kommen zügig durch, kein Verkehr und kein Grund, auf der trostlosen Strecke anzuhalten. Ab durch einen Tunnel unter dem Suezkanal hindurch, wir haben die Halbinsel erreicht! Ras Sudr heißt unser Etappenziel, der Platz für die Zelte ähnelt einer Müllhalde, in den nahen Felsformationen sind Höhlen, man kann in Ihnen eine Art natürlicher Dampfsauna besuchen, ein dreifach Hoch auf die Taschenlampen! Es stinkt nach Schwefel und das Wasser erinnert an den Abfluss defekter Kläranlagen, den Faraun Quellen werden Heilkräfte nachgesagt, ich bin nicht krank!

21.05.1990: Weiter geht es auf dem dritten Kontinent der Reise, der Sinai gehört zu Asien! Braune, recht beeindruckende Felsen, Sand, ab und an ein paar halbwilde Dromedare, wir schlagen unsere Zelte in der Nähe eines Restaurants auf, Manfred und ich erklimmen in der Hitze des Tages einen Berg in der Nähe und kein Schwein guckt! Wir krabbeln recht früh in die Schlafsäcke, die Nacht wird kurz!

22.05.1990: Mitten in der Nacht fahren wir die paar Kilometer bis zum Katharinen Kloster und machen uns an den Aufstieg auf den „Gebel Mossad", jenen Berg, auf dem Moses damals die Tafel mit den zehn Geboten entgegennahm. Für die ersten paar Höhenmeter bieten Dromedarführer Ihre Dienste an, allerdings nur bis zum Anfang der echt steilen Passage, wir lehnen dankend ab, Scheinwerfer durchschneiden die Dunkelheit in der Ferne, die Reisebusse kommen an und spucken die Unmengen an Pauschaltouristen aus, die sich viel zu spät an den Aufstieg machen, um rechtzeitig zum Sonnenaufgang den Gipfel zu erreichen. Abgesehen von den circa 500 Leuten, die schon die letzte Nacht hier oben verbracht haben sind wir alleine da, um den Sonnenaufgang zu genießen, es ist recht frisch! Ein Geheimtipp ist der Gipfel eher nicht! Die Felsen in Sichtweite leuchten in allen Farben – beeindruckend, aber eben leider nicht einsam! Im Tal machen sich die letzten Nachzügler an den Aufstieg im hellen und vor allem heißen Licht der Sonne, wir begeben uns an den Abstieg, diesmal über den Weg der dreitausend Stufen, wenigstens auf diesem Abschnitt sind wir allein unterwegs. Wir besuchen noch das innere des Katharinen Klosters mit der berühmten Ikonensammlung, Fotos, auch von den wenigen, bärtigen, Mönchen sind strengstens verboten. Der Dornbusch im Hof brennt nicht mehr! Wir packen unsere Habe auf die Maschinen und begeben uns an die Küste, Nuveiba, eine, noch, verschlafene Siedlung mit einem Hotel, einer Bäckerei, einer Tauchbasis und einer Tankstelle. Zelten am Strand ist angesagt! Hier werden wir die nächsten Tage verbringen!

23.05.1990: Ich begehe die Dummheit, direkt am Morgen zum Bäcker zu gehen, da das Fladenbrot hierzulande subventioniert wird, habe ich die anderen Gäste des Strandes eingeladen, es reicht ja, wenn Einer zum Bäcker fährt. Insgesamt 15 Fladen wirft mir der Angestellte im Laden auf meine nackten Unterarme, direkt vom Fließband aus dem Backofen. Wie im Comic sieht mein Gesicht aus: Dieses langsame Begreifen – Heiß!

Einer der Wohnmobilisten macht direkt am Strand einen Ölwechsel und bringt das Altöl zur ortsansässigen Tankstelle, nach einem fragenden Blick des Tankwartes erklärt Ihm der Mann etwas von Entsorgung und Umweltschutz. Der Tankwart entsorgt die schwarze Brühe dann auch ordnungsgemäß hinter der Tanke im Wüstensand, schließlich kommt Es ja auch daher. Wir planschen im Badewannenwarmen Wasser, lungern an der Tauchbasis herum, spannen Hängematten zwischen die Palmen und genießen die Sonne.

24.05.1990: Manfred hat Geburtstag, wir schenken Ihm eine selbstgebastelte Steinskulptur eines Fisches und ein T-Shirt. Dafür ist er am Abend für das Bier zuständig. Kein Problem, ein Hotel der Sterneklasse befindet sich ja direkt neben unserem Zeltlager.

25.05.1990: Wir quetschen uns zu Siebt plus zweier Hunde in ein geländegängiges Wohnmobil und fahren zum wasserreichsten Punkt des Sinai, dem sogenannten „Colored Canion": Erosion in Ihrer schönsten Form! Wir kraxeln den ganzen Tag in den bunten Sandsteinschluchten umher, in grauer Vorzeit muss mal jede Menge Wasser durch die engen Kanäle gerauscht sein, jetzt ist Alles Knochentrocken, nur vereinzelte Bäume weisen auf das Vorhandensein von Grundwasser hin! Am späten Nachmittag machen wir uns über die Wellblechpiste auf den Rückweg und verbringen den Abend bei Tee und Wasserpfeifen im nachgebauten Beduinenzelt des Sternehotels, man gönnt sich ja sonst nichts!

26.05.1990: Noch mal so richtig unter die Pauschaltouristen mischen und am Strand abhängen

27.05.1990: Quer über den Sinai, vorbei an alten und neuen Befestigungsanlagen der Armee, an liegengebliebenen Panzern der Sinaikrise und ohne die Straße zu verlassen(Es sollen noch jede Menge Minen im Wüstensand vergraben liegen) geht es zurück zum Suezkanal, wieder durch den Tunnel und ab in Richtung Mittelmeer. Ich immer hinterher, die Zigarette im Mundwinkel, die Füße locker auf den Sturzbügeln geparkt, den Helm auf dem Gepäck. Die Anderen passieren den Polizeiposten unangefochten, ich bekomme die Kelle gezeigt? Durchfahrt verboten! Das ist eine Militärstraße! Aber, wir gehören doch zusammen, ich will hinterher! Ein riesiges Containerschiff pflügt – anscheinend – durch den Wüstensand, der Uniformierte bleibt unbeeindruckt, meine Begleiter kommen auch nicht weit, bedeutet er mir. Ich sitze ab und nehme am Straßenrand Wartestellung ein. Es wird langweilig! Wie komme ich denn anders nach Port Said? Kein Problem: Einfach über die Dörfer, der Weg ist weiter, schlechter ausgebaut, aber erlaubt! Diskussion überflüssig! Ich hoffe, man bemerkt meine Abwesenheit. Der größte Teil der Strecke besteht aus mehr oder weniger fest gefahrenem Sand, unterbrochen von ärmlichen Ansiedlungen, wahrscheinlich auf Grund der Mittagshitze sind die Straßen wie leergefegt, ich komme recht zügig durch.

Port Said verfügt über eine Freihandelszone, so mit Checkpoint und Zoll, „Your Friends are this way", bedeuten mir die freundlichen Zollbeamten und die Verkehrspolizisten an diversen Kreuzungen, ich werde sozusagen durch die Stadt gelotst, ohne mich in die Schlangen vor den Kontrollstellen einreihen zu müssen. Wenn hier vier schwere Motorräder hindurchbrausen gehört das Fünfte automatisch zur Gruppe. Ich fahre über eine Dammstraße, wir haben am Morgen kein festes Ziel ausgemacht, aber ich vertraue darauf, dass nicht noch eine Gruppe Kräder ausgerechnet diesen Weg genommen hat. Ende der Strecke: Dumyat, eine beschauliche kleine Ansiedlung direkt am Mittelmeer, man verfügt über ein kleines Hotel und auf dem Parkplatz steht der Rest der Gruppe. Man ist vor wenigen Minuten eingetroffen, kein Mensch hat mein fehlen bemerkt. Wir beziehen unsere Zimmer, sauber!

Abendessen im Fischrestaurant, unsere Frage nach der Fischart wird lapidar mit „Seefisch" beantwortet, zu etwas exakteren Äußerungen läst sich der Wirt nicht überreden. Lecker, scharf und recht preisgünstig ist der Meeresbewohner dann aber, was will man mehr?

Kurz nach Einbruch der Dunkelheit klopft es an meine Tür: Der Manager fragt höflichst an, ob wir Ihn zur örtlichen Polizeidienststelle begleiten würden – Es ist Ihm sichtlich unangenehm, aber wir müssen uns registrieren lassen.

Martin, Christiane und ich begleiten Ihn. Man räumt die Sofas im Büro für uns, bis zu unserem Eintreffen hat eine lockere Runde im Polizeirevier stattgefunden, wir müssen die Pässe abgeben und der Beamte schreibt die erste Seite ab. Ich heiße „Yamaha Moto", auf der letzten Seite meines Ausweises haben die griechischen Zöllner vor ein paar Jahren meine Yamaha eingetragen, Araber lesen Ihre Bücher ja bekannterweise anders herum.

Wir laden unseren Hotelmanager auf dem Rückweg noch zum Bier an der Strandpromenade ein, während unsere Flaschen offen auf dem Tisch stehen, taucht die Seine nur zum trinken aus der Versenkung auf. Öffentlich Alkohol trinken – so weit kann man anscheinend als Einheimischer denn doch nicht gehen.

28.05.1990: Die Anderen fahren am frühen Morgen in Richtung Alexandria, ich begebe mich per Fähre über einen Nilarm ins Nachbardorf: Sehr nette Bewohner, ich werde herzlich empfangen und anschließend durch den Ort begleitet. Alles wird haarklein erklärt. Welche Fische mit der Angel und Welche mit dem Netz gefangen werden, worauf es beim bauen der Holzboote ankommt und wohin die Schiffe nach der Fertigstellung geliefert werden. Natürlich muss ich überall eine Wasserpfeife rauchen und mindestens einen Tee trinken, das summiert sich!

Zurück im Hotel steht mein Motorrad auf Hochglanz poliert auf dem Ständer: Gehört zum normalen Service, sagt der Boy! Trinkgeld wird vehement abgelehnt, auch auf mehrmaliges anbieten. Tolles Volk!

29.05.1990: Sehr früh am Morgen quer durch das Delta des Nil, über unzählige Brücken und Dämme, die Kanäle sind weitgehend überwuchert mit Wasserhyazinthen, hierzulande eine echte Plage, in Deutschland bezahlt man für die Wasserpflanze ein Heidengeld! Dann wieder im Chaos der Großstadt, meine Wassergekühlte Maschine kocht in der Gluthitze. Die Luft (Oder: Was davon übrig ist) brodelt. Martin und Christiane laufen am Straßenrand herum, Manfred und Gudrun entdecken mich an einem Kiosk. Die Welt ist klein, wir hatten uns erst an der Fähre wiedertreffen wollen. Nun verbringen wir die Nacht im selben Hotel. Das Essen im Restaurant ist geschmacksneutral und teuer, zu viele Touristen versauen Küche und Preise!

Heimfahrt: Beim Einschiffen gibt es keinerlei Probleme, auch die Zollkontrollen sind eher lau! Dafür hat die Schiffsbesatzung beschlossen, die Motorräder alle auf dem Oberdeck parken zu lassen, man kann fast zusehen, wie die Metallteile in der salzigen Luft rosten! Proteste werde ignoriert. Überfahrt nach Kreta in der Nacht, bei relativ starkem Seegang. Wir nutzen die wenigen Stunden Aufenthalt auf der Insel für einen Rundgang durch Heraklion, ich leiste mir ein neues T-Shirt für die Heimfahrt, über saubere Wäsche verfüge ich nicht mehr!

Weiter geht es nach Piräus, per Bahn nach Athen, Besichtigung der Akropolis, Museumsbesuch und schon fährt unser Dampfer wieder weiter. Leider haben wir zuviel, richtiges, Bier getrunken, sodass wir die Durchfahrt durch den Istmuth in den Kabinen verschlafen. Mist!

Dieses Mal endet die Schiffsreise nicht in Dubrovnik, wir nutzen den Aufenthalt, um mittels Seilbahn auf eine Festung oberhalb der Stadt zu gelangen und die Aussicht zu genießen. Martin und Christiane verlassen uns im Hafen und treten den Rest der Heimfahrt auf dem Landweg an.

Weiter geht die Fahrt nach Venedig, über den Canale Grande mit Aussicht auf den Marcus Platz, wir verlassen die Lagunenstadt auf unseren Krädern, um etwas Außerhalb eine bezahlbare Unterkunft für die Nacht zu beziehen.

Manfred und Gudrun bleiben noch etwas in Italien, ich mache mich auf den Heimweg, ich will noch heute Abend zu Hause sein. Erst mal muss ich mich wieder an europäische Verkehrsgepflogenheiten gewöhnen: Polizisten sind wieder Respektspersonen, deren Anweisungen nicht immer zu meinem Vorteil gestellt werden. So hält mich am Rande der Alpen ein Uniformierter vor einer Kreuzung auf; Angeblich soll der „Giro de Italia" jeden Moment eben hier vorbeikommen! Über eine Stunde passiert nichts (Jetzt weiß ich auch, warum das Rennen so viele Zuschauer hat: Man hält Sie einfach fest!) Dann ein Corso von Begleitfahrzeugen, die Führungsgruppe, das Hauptfeld – vorbei! Ich kann meinen Weg fortsetzen. In den Alpen liegt noch vereinzelt Schnee, es ist kalt!

An der Deutschen Grenze werde ich kontrolliert, das Kilo Wasserpfeifentabak interessiert den Beamten wenig, eine

Samenschote bemerkenswerter Größe, die ich in der Nähe Kairos von einem Baum gepflückt habe ist nicht zuzuordnen, der Zöllner hegt den Verdacht auf Rauschgift – kurze Diskussion, ich darf die Schote mitnehmen und in den Regen starten. Die letzten paar hundert Kilometer halte ich an jeder zweiten Raststätte und fülle Kaffee nach, um schlussendlich wieder in heimatlichen Gefilden anzukommen. Ende! Schade!

Shukran Misr Ma´a s-salama!   (Am Besten, direkt vor Ort übersetzen lassen!)

Siwa

Die Hotelsuche in Alexandria erweist sich als etwas kompliziert, es ist kaum möglich, sich den Schleppern zu entziehen, außerdem sind alle Schilder ausschließlich arabisch beschriftet, schließlich ergebe ich mich in mein Schicksal und laufe einem von den Burschen hinterher. Die Rezeptionen der Etablissements liegen im Grundsatz mindestens im zweiten Stock, so etwas wie Aufzüge kennt man anscheinend nicht und erst im fünften Anlauf kriege ich eine Bleibe für die Nacht! Man verfügt über einen Aufzug aus der Zeit der Pharaonen, einmal benutze ich dieses Ding, man wird regelrecht seekrank bei der Rüttelei! Aber ich habe ein Zimmer für die Nacht, auch wenn der Straßenlärm bis zu mir in den sechsten Stock vordringt, Hauptsache: Ein Dach über dem Kopf! Das Zimmer ist recht sauber, nur im Bad wimmelt es von monströsen Kakerlaken. Also: Den Rucksack dicht verschließen! Gut´s Nächtle!

Bis nach acht Uhr am nächsten Morgen kann ich durchschlafen, dann Frühstück und ab in Richtung Bahnhof. Der Erwerb eines Tickets erweist sich als leicht chaotisch, wenn mir die Leute hier nicht ständig helfen würden stände ich echt auf dem Schlauch! Ein Bahnbediensteter drängt mir einen Kaffee auf und ich bekomme sogar die Erlaubnis, im Gebäude ein Foto zu schießen! Irgendwie habe ich dann doch ein 3.Klasse Billet ergattert: Holzbänke, Betonfußboden und wer will darf im Gepäcknetz liegen! Geplant war zwar eine etwas höhere Klasse, aber hier ist es Klasse! Die halbe Abteilbesatzung ist Ruck Zuck „My best friend". Ich kann gar nicht so schnell ablehnen, wie ich eingeladen werde. Tiefverschleierte Damen sind mit von der Partie und solche mit Tätowierungen im Gesicht, eine Ente läuft durch die Gänge, genauso wie jede Menge Händler: Schnatternd!

Leider gleicht der Bahndamm größtenteils einer Müllhalde, man schmeißt Seinen Abfall einfach aus dem fahrenden Zug, was bei den offenen Türen auch kein Problem darstellt! Durch ebendiese Öffnungen kommt der Wüstensand in die Abteile, wir sehen innerhalb kürzester Zeit aus wie gepudert. Radio ist keines an Bord, aber irgendwer singt immer live und in Mono, Stereo, Quattro….

Gegen 19.30 Uhr beziehe ich mein neues Domizil in Marsa Matruh, direkt am Mittelmeer, eine lange, staubige, aber auch schöne Bahnfahrt liegt hinter mir. Ein „Tarish", also eine Erlaubnis zum Einreisen nach Siwa braucht man im Moment nicht, ich versorge mich noch mit etwas Trinkbaren, spüle mir Kiloweise den Staub vom Körper und falle in die Federn! Ich bin doch etwas geschlaucht, auch wenn das Leben auf den Straßen jetzt erst losgeht!

Am nächsten Morgen wache ich dementsprechend recht früh auf, ich will den Tag noch am Ort verbringen, diverse Autostops später (Bezahlen darf ich nicht, obwohl das hier üblich ist) befinde ich mich am „Ageeba Strand" (Ageeba ist das arabische Wort für: Wunderbar, schön ist der Strand wirklich) beim Softdrink, weiter zum „Cleopatras Bath" und dann schlussendlich zum Stadtstrand, schwimmen im badewannenwarmen Mittelmeer .Einheimische Männer baden in Unterhosen, die Frauen in voller Montur, schwimmen ist für das weibliche Geschlecht schlichtweg unmöglich, man planscht im knietiefen Wasser.

In meinem Zimmer hat man zwischenzeitlich noch zwei Traveller einquartiert, wir gehen zusammen Abendessen, die beiden kommen direkt aus Siwa, wer sich da zurzeit herumtreibt und was ich unternehmen muss weiß ich nach dem Mahl. Es herrscht übrigens eine extreme Luftfeuchtigkeit, meine Haare werden einfach nicht trocken! So gegen Mitternacht beenden wir den Tag.

Etwas ist mir äußerst positiv aufgefallen: Wenn zwei Leute Streit kriegen, versuchen alle Anwesenden lautstark zu schlichten, was die Sache, spätesten nach mehrfacher Erwähnung des Namens Allahs und des Propheten im Keim erstickt!

Der nächste Tag beginnt wieder bei Sonnenaufgang, ich packe meine Habseligkeiten zusammen und begebe mich schnurstracks zum, leider falschen, Busbahnhof. Also: Ein Eselstaxi besteigen und quer durch den gesamten Ort, nur um festzustellen, das der Bus bis zum letzten Sitzplatz ausverkauft ist. Schier endlose Diskussionen später darf ich auf einem Stahlluftfilter im Gang Platz nehmen. Unbequem, aber ich komme weiter!

Auf halber Strecke dürfen wir uns sogar die Füße vertreten, wer möchte, kann an dem kleinen Verkaufsstand mitten in der Wüste Snacks oder lauwarme Getränke kaufen. Jedenfalls kommen wir zur Mittagszeit in der Bilderbuchoase an. Ich ergattere ein Bett in einem Dreibettzimmer des „Yousef Hotels", Erst mal etwas zwischen die Zähne und dann relaxen, es ist, als ob einen die Hitze erdrücken wollte!

Am späten Nachmittag, die Sonne steht genau in der Flucht zu meinem Fenster, Backofentemperatur, fluchtartiges verlassen der Räumlichkeiten ist angesagt! Draußen dann: Plötzlich weiß ich, was der Ausdruck: „Gluthitze" bedeutet! Jetzt sitze ich in einem Cafe, zwei riesige Ventilatoren geben Ihr Bestes, so ist es auszuhalten! Ich treffe Christian wieder, den habe ich zuletzt auf dem Sinai getroffen, er wollte nach Israel, aber die Zöllner haben ihn mit seinem DDR Pass nicht über die Grenze gelassen. Jetzt ist er hier und wir verabreden uns für Morgen zum Fahrradfahren durch den Sand.

Erst mit Anbruch der Dämmerung begebe ich mich auf Besichtigungstour, bergsteigen ist angesagt! Das alte Siwa, Shali genannt, ist ganz aus Lehm gebaut, eigentlich sollte dieser Baustoff in dieser Gegend für die Ewigkeit reichen, leider endete diese Zeitspanne im Jahre 1926, damals hat es nämlich drei Tage am Stück aus Kübeln gegossen und für diesen, seltenen Fall reicht der Baustoff denn doch nicht aus, dementsprechend sehen die Häuser im Hang auch aus: Regelrecht verwaschene, ineinander verflossene Ruinen! Aus manchen Wänden ragen Schädeldecken und Knochen (Menschlich?) heraus, man hat halt Alles verbaut, was die Natur hergibt! Spuren im Boden zeugen davon, dass die Leute nach dem Regen durch den Schlamm gewatet sind, konserviert bis zum nächsten Guss. Unwirklich scheint die Kulisse der nackten Wände und Gänge, manchmal muss ich kriechen, manchmal klettern, ich bin alleine in der Geisterstadt mit Aussicht auf das neue Dorf, die Palmenhaine, die kreisrund eingefassten

Quellen, aus denen fossiles Wasser an die Oberfläche gelangt, die weißen Flächen der Salzseen und die endlose Weite der Wüste. Es war wohl ein Fehler, in der Hitze eiskalte Getränke zu sich zu nehmen, Montezumas Rache schlägt erbarmungslos zu, ich ziehe mich in mein Zimmer zurück, immer zumindest in der Nähe, einer Toilette!

Es folgt eine leicht unruhige Nacht: Hühner, Enten, Esel und Backgammonspieler direkt unter meinem Balkon sorgen für eine Geräuschkulisse, die mich etwas an erholsamem Schlaf hindert! Um 04.00 Uhr habe ich das letzte Mal auf die Uhr geschaut, ich bin gerädert und das noch vor dem Fahrradfahren!

Nach dem Frühstück radeln wir los, Bikes aus indischer Produktion ohne Bremsen, damit noch ein wenig Restrisiko bleibt! Der Sand auf den Wegen ist weich, was das fahren nicht gerade vereinfacht, andererseits fallen wir, - im Falle eines Falles - wenigstens weich!

Man kann in den Quellen baden, das Wasser schmeckt etwas seifig, mag daran liegen, dass die Einwohner unter Anderem Ihre Wäsche in den Becken waschen. Wir wandern durch die Oasengärten, alles mögliche Gemüse wird angebaut, immer im Schatten der Dattelpalmen, die Früchte der Palmen sind erst reif, wenn Sie aussehen wir verfault, dann aber sind Sie köstlich und für das Verzehren direkt vom Baum freigegeben, die Bauern haben nichts dagegen, wenn man sozusagen „Mundraub" begeht, nur mitnehmen darf man Nichts! Nette Leute allesamt, man führt uns die Bewässerung vor, da hat sich seit den Zeiten der Pharaonen nichts geändert, warum auch? Funktioniert doch prächtig! Ein Traktor fährt vor uns durch den Ort, auf dem Anhänger führt der Bauer seinen Harem mit sich: Sechs blau gewandete Damen, selbst der Ausschnitt für die Augen ist mit Stoff vergittert, sitzen schnatternd im Kreis, der Fahrer macht einen leicht genervten Eindruck. Am Rande eines Salzsees stehen windschiefe Palmen, Postkartenidylle pur, wir bleiben bis nach dem Sonnenuntergang!

So eine Mischung aus Südsee und Nordpol. Kaum ist unser Zentralgestirn am Horizont verschwunden kommen die beiden weißen Bewohner des Ortes aus Ihren Häusern, ein älterer Mann und ein Junge, beide Schneeweiß mit roten Augen und weißem Haar. Die menschlichen Albinos müssen die Sonne meiden, dafür leben Sie hier an einem etwas ungünstigen Fleck der Erde.

Bei Christian verabschiedet sich ein Pedal, worauf sich die Faule Socke von einem Eselskarren ziehen lässt, ich bringe mein Schrottgerät mittels Muskelkraft zum Vermieter zurück. Zu trinken gibt es im Ort nur noch Mango Saft, alles Andere ist aus. Was soll´s, gibt es zu Hause eher selten.

In der Nacht bellt ein Hund stundenlang ununterbrochen, ich fange an, zu verstehen, warum die Bewohner alle mit Gewehren herumlaufen! Mittlerweile sind die beiden freien Betten in meiner Bude belegt, also voll! Weit gefehlt: Für Hunderte von Mosquitos hat der Platz doch noch gereicht.

Meine beiden Mitbewohner kommen aus Deutschland und heißen Christian. Drei Träger dieses Namens befinden sich jetzt in der Oase, die Einheimischen haben mich schon gefragt, ob alle Deutschen so heißen, ich muss doch glatt meinen Pass vorzeigen, um Sie vom Gegenteil zu überzeugen!

Heute ist übrigens Mohameds Geburtstag, die Einwohner und die allgegenwärtigen Soldaten (Libyen ist nah!) laufen schon den ganzen Tag im Sonntagsstaat herum, Musikgruppen ziehen durch den Ort, man feiert. Bedingt durch den Mondkalender findet dieser Festtag übrigens jedes Jahr an einem anderen Datum statt.

Trotz Muskelkater mieten wir uns alle Vier wieder Fahrräder, schon in Ermangelung einer Alternative, wir hatten beschlossen, uns einen Jeep zu mieten und die Umgebung etwas komfortabler zu erkunden, leider hat man in der Nacht den Fahrer verhaftet. Also: Strampeln!

Wir fahren zum „Drakour Mountain" und natürlich zu den Quellen, man muss etwas darauf achten, dass gerade keine Frauen baden, dann ist das Gewässer für Männer Tabu!

Nach einem gemeinsamen Mittagessen mache ich mich alleine auf Tour zum „Death Mountain", der Berg des Todes trägt seinen Namen zu recht, in allen Gemäuern hat man, wohl in Ermangelung von Kalk, Knochen eingebaut, wer gerne puzzelt kann sich sicher einige Gerippe zusammenbasteln. Zurück in den Ort zu Türkischem Kaffee und Limonensaft (Es herrscht plötzlich wieder Vielfalt im Getränkeangebot!) Wir feiern Abschied, ich habe ein Ticket für einen klimatisierten Bus nach Alexandria in der Tasche, morgen früh geht es zurück. Danke Siwa, war schön bei Dir.

Info Siwa: Circa 300 Kilometer entfernt von Alexandria, liegt in einer Depression, bis zu 26 Meter unter Meeresniveau, 300 Quellen sprudeln fossiles (Wahrscheinlich vor 30.000 Jahren versickertes) Wasser an die Oberfläche. Haupteinnahmequelle: Datteln und Agrarprodukte. Touristisch (Gott sei Dank) noch nicht zu sehr erschlossen.

Eins hab´ ich noch: Assuan, ich teile mein Zimmer mit Peter aus Marburg, der lebt schon ein halbes Jahr in Ägypten, als Tauchlehrer am Roten Meer. Wir fahren zu zweit mit der Bahn an den Staudamm. An der Endstation, hier legen auch die Fähren Richtung Sudan ab, verkaufen die Leute Krokodilbabys für umgerechnet 50 Pfennige, ich will Alle haben und im Stausee freilassen, man verkauft mir kein Einziges: Die werden größer und essen Menschen!

Jedenfalls stellen wir zwei Touristen uns an den Straßenrand und heben die Daumen, ein Truck hält an und nimmt uns mit, in der Mitte des Dammes lassen wir uns rausschmeißen, ich habe irgendwo gelesen, dass es am Ufer des Sees von Skorpionen nur so wimmelt. Also drehen wir mit den Füßen (Gestochen werden wollen wir denn doch nicht!) die flachen Steine um. Das Geräusch eines durchladenden Sturmgewehres kenne ich noch aus meiner Bundeswehrzeit – ich mag es nicht!

Der Soldat hat Seine Waffe auf uns angelegt und fordert uns ziemlich unmissverständlich auf, uns doch bitte zu Ihm auf die Dammkrone zu begeben. Er hat die eindeutig besseren Argumente, wir tun Ihm den Gefallen. Er bedeutet uns, vor Ihm her den Damm in Richtung Wachhäuschen zu überqueren, er mit angelegter Waffe hinter uns. Das aufgepflanzte Bajonett in meinem Rücken und die Tatsache, dass das Gewehr zumindest durchgeladen, wenn nicht entsichert ist, macht mich etwas nervös. Vorsichtig fummele ich eine Packung Zigaretten aus meiner Brusttasche und biete unserem Bewacher eine Kippe an, worauf das G3 auf dessen Schulter wandert und wir Tourie´s uns schon bedeutend sicherer fühlen.

Wir werden dem Wachhabenden vorgeführt: Zu Fuß darf man den Damm nicht betreten, wird uns erklärt, was wir denn am See gewollt haben? Was denn an Skorpionen so interessant sei? Da wir nicht gefährlich wirken macht der Soldat unsere Festnahme rückgängig – Netter Mann.

Wir müssen uns im zweiten Stock eines nahen Gebäudes melden, um eine Erlaubnis zwecks Besteigung des Aussichtsturmes in Gestalt einer stilisierten Lotusblüte, dem Denkmal der Ägyptisch/ Russischen Freundschaft zu erhalten. Man gibt uns einen Aufpasser mit, fotografieren ist selbstverständlich verboten! Also muss einer von uns den Mitmenschen ablenken, während der Andere seine Bilder macht. Klappt ausgezeichnet!

134

Anschließend müssen wir wieder zurück auf die andere Seite des Dammes, zum Bahnhof, Taxi wollen wir nicht bezahlen, per Pedes dürfen wir nicht, was machen?

Der Wachhabende hält den nächsten Wagen an und die Rückfahrt ist gesichert. Während wir warten erklärt Er uns sein Gewehr mit Bajonett, das sei ein Messer, meint Er – ich wollte den Satz immer schon mal anbringen und zücke meinen Finndolch: „Das ist ein Messer!" (Krokodil Dandy lässt grüßen, ich weiß: Platt! Aber in der Situation kann ich mich nicht zurückhalten) „Ja", meint mein Gegenüber: „Aber Meins macht Bumm Bumm"

So kann man es auch sehen.

Hochzeit in Moskau

Walter, unser Visabesorger ist weg aus Bonn, ab nach Berlin, gleicher Job, andere Stadt, es gibt nur noch eine Metropole in Deutschland!

Walter ist weg aus Berlin, man steigert sich: Moskau, Deutsche Botschaft, anderer Job, andere Stadt! Es gibt viele Metropolen auf der Erde!

Walter hat Nathalie kennen gelernt und muss nächstes Jahr weg aus Moskau, gleicher Job, andere Stadt, neue Metropole, damit Natascha, oder : Nathalie, wie er Sie nennt, mit darf in das neue

135

Land, das noch nicht feststeht, haben die Beiden beschlossen, den Bund für das Leben zu schließen, ich bin eingeladen! Ohne Walter ist es etwas schwieriger, an ein Visa zu kommen, für Russland ist das sowieso nicht ganz unproblematisch: Neben einem noch mindestens Sechs Monate gültigen Reisepass benötigt man eine, explizit von der Russischen Föderation anerkannte, Auslandskrankenversicherung, ein Passbild und eine Einladung (Jetzt kommt Walter wieder zum Zug) Das Ganze muss inklusive eines Antrages zur Russischen Botschaft in Bad Godesberg gebracht werden, auf dem Postweg geht das allerdings leider nicht, ich beauftrage eine ortsansässige Agentur mit der Durchführung, das erhöht den Preis (40€) für das Visa zwar um nochmals 25€, aber ich brauche nicht zweimal die Strecke zu fahren! Günstige Flugverbindungen ab Köln kann man im Internet erstehen. Klappt alles einwandfrei!

Tickets sind out, Bordkarten werden auf Vorlage des Reisepasses beim einchecken am Schalter ausgegeben, ich kriege meine auf den letzten Drücker, habe mich auf den Fahrplan der Deutschen Bahn verlassen, die obligatorische halbe Stunde Verspätung bringt mich etwas in Zeitnot.

Bedingt durch die geradezu panische Angst der Fluglinien vor Terroranschlägen und nahezu täglich neuen Sicherheitsvorschriften dauert der Weg in den internationalen Bereich des Flughafens ebenfalls geraume Zeit, schlussendlich sitze ich aber doch noch im Flieger! Circa zwanzig Leute kenne ich, alle auf dem Weg zur Hochzeit! Der kleine Nachteil an diesen Billigflügen besteht eigentlich nur an der fehlenden Platzzuweisung, beim Einsteigen herrscht reges Chaos, dann muss man für Extras, wie zum Beispiel etwas zu Essen auch extra bezahlen, sonst ist Alles wie gewohnt.

Passkontrolle nach der Landung (Während des Fluges muss ich auch noch zwei Formulare ausfüllen, leider kann ich kein kyrillisch lesen. Macht nix!), etwas schleppend, um nicht zu sagen: Pedantisch!

Wir werden schon erwartet, unser Brautpaar hat einen modernen Reisebus gechartert! 5° Plus, Stadtrundfahrt im Dunkeln, Smog! Die Klimaanlage des Gefährts saugt die Abgase der anderen Verkehrsteilnehmer in die Fahrgastzelle. Wir sind allesamt overdresst, normalerweise herrschen im Dezember Temperaturen zwischen 10 und 20 Grad Celsius – Minus wohlgemerkt! Man kann die Spitzen der Hochhäuser nicht mehr sehen, Wolkenkratzer im wahrsten Sinne des Wortes! Nur die Illuminationen auf den

Dächern scheinen durch den Dunst, manchmal scheint eine Feuersbrunst zu wüten, dann wieder ändern sich die Farben, hat etwas Futuristisches. Da kommt sogar New York nicht mit, ich rechne jeden Moment mit fliegenden Autos (Das würde den allgegenwärtigen Stau mindern), ganze Blocks bilden wehende Fahnen aus Leuchtstoffröhren, ein riesiges Monument aus einem Schiff mit stehender Figur taucht aus dem Nebel über der Moskwa auf, Peter der 1., ein Geschenk von St. Petersburg an die Hauptstadt: Ein faszinierender Moloch!

Untergebracht werden wir auf dem Gelände der deutschen Botschaft, ruhig, streng bewacht und abgeschieden, Zugang nur nach Vorzeigen des Passes, Durchleuchtung des Gepäcks und Abtastung durch das Sicherheitspersonal! (Zumindest beim 1. Mal!)

Ich beziehe ein Zimmer in einer Wohnung, die normalerweise als Übergangsunterkunft für Bedienstete der Botschaft herhalten muss. Die Leute ziehen regelmäßig alle paar Jahre in eine neue Stadt, viele kennen sich schon aus Peking oder Berlin, ein ganz eigener Menschenschlag, der in dem kleinen Dorf wohnt. Die meisten polyglott, schon die Kinder wachsen, bedingt durch die Vielzahl an „Heimatländern" mehrsprachig auf. Trotzdem hat man diese Art Ghettowohnen gewählt, wohl auch, weil es in Moskau schlichtweg unmöglich ist, eine Wohnung zu mieten und die Kaufpreise geradezu schwindelerregend sind. Walter kann auch nach Vier Jahren nur rudimentäres russisch. Man kann sich also auch mit Deutsch durchschlagen, sogar eine Einheimische kennen und lieben lernen, Natalie spricht ja auch ein einwandfreies Deutsch! Man hat uns mit allem Lebensnotwendigen versorgt, ein Kasten russisches Bier steht auf dem Balkon, Aussicht auf Kuwait, wir leben im Botschaftsviertel, gleich um die Ecke liegt Schweden, inklusive. Deutscher Rotwein liegt in der Küche bereit, die Kaffeemaschine ist neu. Am Abend Treffen bei Alois, die Kneipe liegt auf dem Gelände, Ausweise brauchen nicht mitgeführt zu werden! Spezialität: Deutsche Hausmannskost! Wir haben Glück: Es ist gerade „Russische Woche", nach zwei Stunden ist das russische Bier alle, eine halbe Stunde später der Wodka. Wir sinken früh in die Federn!

Zeitverschiebung! Ich bin als Erster auf den Füssen, decke den Tisch, anscheinend laut genug, die anderen Vier Bewohner falten sich aus den Federn. Wir versorgen uns mit Busfahrkarten. Erfreuliches Überbleibsel aus der Zeit des Kommunismus: Die Preise für die öffentlichen Verkehrsmittel sind bescheiden! Alles

Andere ist teuer in Moskau! Dann noch Metro – Tickets erstehen und ab in den Untergrund! Die Rolltreppe ist endlos, man stellt sich äußerst rechts, damit die Eiligen überholen können, Alles ist Videoüberwacht, einmal bezahlt kann man theoretisch den Tag unter Tage verbringen. Die Bahnhöfe sind faszinierend ausgeschmückt, Repliken antiker Statuen, Mosaike, Marmorreliefs und Gemälde allenthalben – in Kopenhagen gibt es etwas Vergleichbares. 1935 hat man mit dem Bau begonnen, manche der Waggons scheinen seit den Anfangszeiten in Betrieb zu sein, man rast durch den Untergrund der Stadt und oben herrscht der Stau!

Der Rote Platz ist schwarz! Und viel kleiner, als uns das während der Militärparaden immer dargestellt wurde. Lenins Mausoleum ist für die Öffentlichkeit gesperrt. Vielleicht möchte man nicht, dass Touristen sehen, wie er sich im Grab umdreht, Mc Donalds am Roten Platz! Die bekannte Basilius Kathedrale, erbaut von Ivan dem Schrecklichen, lädt zum Fotografieren ein, dabei ist es egal, ob Tag oder Nacht, man braucht keinen Blitz, Energie scheint günstig zu sein, jedenfalls für die öffentliche Hand. Das Kaufhaus GUM ist etwas für Besserbetuchte – keine Preise in den diversen Schaufenstern! Dafür ist das ganze Gebäude mit Lichterketten verkleidet, nachts eine Märchenlandschaft gegenüber des Kreml. Selbst amerikanische Fast Food Ketten haben sich in unmittelbarer Nähe zum ehemaligen Machtzentrum des Kommunismus niedergelassen, auch wenn ich in diesem Land Analphabet bin, den Schriftzug kann jeder lesen!

Vor den roten Mauern brennt eine Gasflamme, Soldaten haben sich aufgestellt, Anfänger, nicht Alle drehen sich auf Kommando in die richtige Richtung! Da hilft nur üben! Blöd, wenn man dabei so viele Zuschauer hat! Auch nach einer geschlagenen halben Stunde hat keiner von uns begriffen, was denn nun stattfinden soll, ich bin fasziniert von den Straßenkehrern, bewaffnet mit Besen und Schäufelchen rennen die Leute jedem Blatt hinterher, es ist Herbst, noch haben die Bäume um den Platz Laub, eine Böe jagt die nächste, Scheißjob! Man kann den Leuten die Resignation an den Gesichtern ablesen!

Wir verlassen den Roten Platz, ohne den Sinn des Aufmarsches erforscht zu haben mit der Metro und verirren uns im Untergrund, bewundern einige der faszinierenden Stationen und fragen uns durch, mehr mit Händen und Füßen, aber die Leute sind hilfsbereit und schließlich erreichen wir das Arbat Viertel, eine Einkaufsstrasse mit Essgelegenheiten, wir wollen russisch speisen, das ist leichter gesagt, als getan, auch hier hat sich die Fast Food

Unart durchgesetzt! Wer nicht über das genügende Kleingeld verfügt sollte die Läden meiden, die Preise sprengen unser Budget, unfreundliche Polizisten verlangen die Vorlage unserer Pässe, das Begleitschreiben der Deutschen Botschaft tut gute Dienste! Wir verschwinden in die Metropolitan und begeben uns auf den Heimweg., auf unserem Balkon wartet die Kiste russischen Bieres, gut gekühlt kann man das Zeug trinken, für den Notfall stehen ja noch die paar Flaschen Dornfelder in der Wohnung bereit! Es ist für uns gesorgt!

Der Tag des Ereignisses: Seit drei Nächten liegen zwei große Lachse in einer Beize aus Cognac und anderen Ingredienzien, gestern Abend hat man sie in Scheiben geschnitten, jetzt belegen wir Hunderte von Baguettescheiben, jeweils eine mit dem Fisch und eine mit Käse, arrangieren das Ganze auf Tabletts und stapeln diese in großen Stahlkisten. Zusammen mit Unmengen Sektflaschen dienen Sie als Wegzehrung und werden dementsprechend im Bus untergebracht Als Erstes müssen wir die Braut abholen, der Bus kommt zügig in den Vorort, (Es gibt Sie also doch noch, die Plattenbauten! Nur aus der Innenstadt hat man Sie verbannt!), eine Stretchlimousine wartet versteckt als Überraschung für Nathalie! Walter muss Fragen beantworten, gut, dass eine Dolmetscherin vor Ort ist! Alle Gäste begeben sich in die kleine Wohnung im sechsten Stock, Klaustrophobe bleiben besser draußen! Nach dem obligatorischen Blitzlichtgewitter geht es weiter mit dem Bus in Richtung Standesamt – Stau, die Fahrt dauert etwas länger, war aber eingeplant! Während der normale Verkehr sich nur stockend durch die Straßen quält, sperrt man für die VIPs von vornehmerein die Mittelspur der Hauptstraßen und, bei Bedarf auch mehrere Fahrbahnen, auf denen die schwarzen Limousinen mit den abgedunkelten Scheiben dann an den Normalbürgern vorbeipreschen! Wir erreichen das Standesamt wider alles Erwarten doch noch, sogar zu früh! Eine Stretchlimousine wartet offen vor dem Gebäude als Überraschung für Walter! Na ja, nun haben wir einen kleinen Konvoi!

Moskau ist eine recht große Stadt, man hat mehrere Standesämter, trotzdem stehen die Brautpaare Schlange und das Gebäude quillt nahezu über vor Gästen, es ist von äußerster Wichtigkeit, dass die Jacken an der Garderobe abgegeben werden, um den festlichen Charakter der diversen Zeremonien nicht zu stören! Schon die Vorräume sind mit Blumen geschmückt, Brautpaare flanieren dazwischen herum, Festgäste knipsen sich die Finger wund!

Vor der eigentlichen Trauung müssen unsere beiden Hauptdarsteller diverse Papiere in unterschiedlichen Räumen ausfüllen, teilweise unter Ausschluss der Öffentlichkeit – Walter, Du hättest Russisch lernen sollen! Dann werden wir aufgerufen und betreten gemeinsam (Ohne die Brautleute zunächst) den Trausaal. Walter und Nathalie erscheinen erst, als alle Gäste Platz genommen haben und ein Streichorchester den Hochzeitsmarsch intoniert. Sehr feierlich, das Ganze!

Die Standesbeamtin gibt sich alle Mühe und hält eine, wahrscheinlich sehr schöne, Rede! Leider versteht der Großteil der geladenen Gäste kein einziges Wort! Walter bekommt seinen letzten Stüber als Lediger: Er hat Seinen Einsatz verpasst! „Da" sagt Er, „Da" sagt auch Nathalie und die Trauung ist vollzogen. Geigen, Harfen und andere Streichinstrumente setzen erneut ein, die Ringe werden getauscht, der obligatorische Kuss ebenfalls, die Gäste stellen sich zum Gratulieren an und wir verlassen das Amt warten vor dem Ausgang, es dauert noch eine geraume Zeit, bis wir das frischgebackenen Ehepaar mit Reis und kleinen Münzen bewerfen können, eine Putzkolonne entfernt die „Munition" postwendend, die Euromünzen wird den Leuten schon jemand wechseln!

Die Limo´s werden besetzt, der Großteil nimmt im Bus platz, da sitzt es sich bequemer! Die Fototour beginnt, in Moskau macht man seine Hochzeitsbilder an ganz bestimmten Plätzen, wenn man es ganz genau nimmt, müsste Walter seine Nathalie auch noch über alle Brücken der Stadt tragen, aber darauf verzichten wir.

Auch so ist es eine halbe Weltreise! Zuerst geht es zum Roten Platz, vor der Kathedrale mit den imposanten Zwiebeltürmen werden die ersten Aufnahmen gemacht, der Sekt fließt in Strömen und der Brötchenvorrat schmilzt in sich zusammen. 5° Celsius zeigt das Thermometer, Plus versteht sich! Für Dezember in Moskau ist das regelrecht heiß! Weiter zieht es unsere kleine Karawane zu den Sperlingsbergen: Aussicht auf die Skischanzen, das Olympiastadion und die Universität im Zuckerbäckerstil, wieder dezimiert sich unser Vorrat an Sekt und Brötchen, noch haben wir aber genügend, wir werden weder verhungern, noch verdursten! Mittlerweile ist es stockdunkel, wir verzichten auf den letzten Platz, die Friedenssäule und begeben uns zurück auf das Gelände der Botschaft. Die Wachmannschaft an der Schleuse zeigt sich angesichts der Menge an Gästen nicht begeistert, wir lassen ein paar Flaschen Sekt für die Zeit nach der Wachablösung zurück und die Stimmung hebt sich merklich!

Der Saal bei Alois ist festlich geschmückt, überall hängen Luftballons, die Band ist schon vor Ort, das Kalt/Warme Buffet nach russischer Art reicht mehr als aus und ist mit viel Liebe arrangiert. Russen stehen auf Fisch – ich auch! Aber, man hat für alle Geschmäcker gesorgt! Die russische Band spielt überwiegend westliche Musik, auch unter den russischen Gästen herrscht Hochstimmung, russisches Bier, Wässerchen (Wodka) und deutscher Wein. Man muss viel Wasser trinken, damit man mehr Wodka verträgt Nastarovje!

Selbst Krawattenträger gehen aus sich heraus und schwenken Ihre Sakkos, bei den offiziellen Anlässen geht es wohl nicht immer so locker zu. Trotz unmengen an Alkohol Völkerverständigung pur, nur Manfred meint, er hätte sich mit dem Paten der hiesigen Mafia angelegt und ist am Boden zerstört. Weit nach Mitternacht löst sich die Feier auf, auch Manfred kommt gesund ins Bett – Kein Pate!

Am nächsten Morgen sind nur zwei Kateropfer zu beklagen, der Rest macht sich wieder daran, die Stadt zu erkunden!

Wir besuchen einen geradezu riesigen Flohmarkt am Rande der Stadt, mit nachgemachten Ikonen und (Leider) echten Bärenfellen, ein paar Souvenirs will jeder für die Daheimgebliebenen mitbringen. Die Puppe in der Puppe, Matrjoschka heißt Sie hier, gibt es in allen erdenklichen Größen und Preisklassen, bei der Menge verliert die Einzelne an Wirkung, ich erstehe zwei Spieluhren für Marion. Der Markt ist aufgebaut, wie eine Kulisse für einen Historienfilm, reichlich kitschig, aber es wird nahezu alles angeboten, was das Herz begehrt. Auch für das leibliche Wohl ist gesorgt: Grillfleisch am Spieß! Schmeckt auch ohne Wodka!

Am Abend findet noch eine Party im Hause des Brautpaares statt, zünftig Deutsch, so mit Glühwein, zumindest bei Walter scheint sich eine Art Heimweh einzustellen, eine Krankheit, gegen die ich immun bin!

Unsere Zeit geht zu Ende, ein Bus bringt uns zum Flughafen, die Logistik hat die ganze Woche über einwandfrei funktioniert. Dreimal wird das Gepäck durchleuchtet, dreimal durch den Metalldetektor, dreimal abtasten, man nimmt Seinen Job genau! Zweieinhalbe Stunden später betreten wir in Köln wieder deutschen Boden. Wir haben uns super amüsiert, dementsprechend fällt auch die Verabschiedung aus, jeder geht nun wieder seine eigenen Wege. Vielleicht sehen wir uns ja irgendwann, irgendwo wieder!

Vorsicht: Manche Feiern in Russland ufern etwas aus, Wodka heißt übersetzt: „Wässerchen" und wird dementsprechend auch aus Wassergläsern konsumiert. „Do Dna!" (Gesprochen: „Da Dna!"), ertönt der dazu passende Trinkspruch: „Bis zum Boden!" Auf Deutsch: „Ex!"
Vorsicht, die Leute können das recht häufig, als Ungeübter hat man recht schnell das Nachsehen. Nur unter dem Tisch zu landen ist dann noch das kleinste Übel.

Borschtsch (Rote Beete Suppe)

Es gibt so viele Variationen, wie es Hausfrauen in Russland gibt, hier mein persönlicher Favorit:
Zutaten für vier Personen:
> *100 g Rinderhüfte, marmoriert.*
> *200 g geräuchertes Bauchfleisch (Schwein)*
> *100 g frische Rote Beete*
> *100 g Möhren*
> *50 g Pastinaken (Petersilien Wurzel)*
> *100 g Lauch (Porree) oder Frühlingszwiebeln*
> *200 g Weißkohl*
> *100 g Zwiebeln*
> *100 g Schweineschmalz*
> *1 Esslöffel Weißweinessig*
> *2 Esslöffel Tomatenmark / 3fach konzentriert*
> *2 Liter Rinderkraftbrühe*
> *Pfeffer, Lorbeerblätter, Salz,*
> *Dill, Schmand, (Russisch: Smetana)*

Zubereitung:
Das Gemüse putzen, schälen und in feine Streifen schneiden, im heißen Schweineschmalz „anschwitzen", Essig und Tomatenmark zugeben, mit der Brühe auffüllen.
Rindfleisch, Bauchfleisch, Pfeffer und Lorbeerblätter zugeben und das Ganze etwa eine halbe Stunde köcheln lassen.
Fleisch entnehmen und in Streifen schneiden, wieder in die Suppe geben, mit Salz abschmecken.
Den Schmand und den kleingehackten Dill erst auf dem Teller zugeben.

„Traffic Jam" und Mord im Hotel?

Karibisches Meer, genauer: Insel Hispaniola. Noch genauer: Dominikanische Republik, Sosua, Nähe Puerto Plata, dem Silberhafen der Spanier. Reiner Touristenort, ein „All inklusive Hotel Bunker" neben dem Anderen. Es geht auch ohne diese Kasernierung, haben wir beschlossen! Also Garni buchen: Nur Frühstück, das ist immer so schwierig zu bekommen. Ohne buntes Armband fällst Du hier auf!
Am Strand haben Aussteiger Ihre Bars aufgemacht, nur wenige Schritte von den Elendsbaracken der wenigen Einheimischen kredenzt man zum deutschen Bier Curry Wurst mit Fritten! Der Sextourismus beiderlei Geschlechts boomt. Den Touristen werden „Dschungeltouren" angeboten, es geht mit umgebauten Unimogs durch die Zuckerrohrfelder, Natur Hautnah! Urwald?? Bar reiht sich an Bar, Luxus Einkaufstempel. Karibisches Flair? Abends im Hoteleigenen Saal! Man will ja animiert werden! Die meisten der Armbandträger wagen sich sowieso nicht aus dem Hotelareal, höchstens am Tag, zum bummeln durch die Gassen, shoping halt. Nicht unbedingt meine Welt!
Im Reiseführer ist von Dugongs oder Manaties die Rede, also von Seekühen, die sich auf der karibischen Seite tummeln sollen, wir sind an der atlantischen Küste des Eilands, müssen also quer über die Insel. Ergo: Auto mieten. Ich habe mir extra zu diesem Zweck eine Kreditkarte besorgt, mit dem Erfolg, dass der Autoverleiher, nebenbei bemerkt: Natürlich ein Deutscher, auf Barzahlung besteht! Soviel zu Tipps aus dem Reiseführer! Wir kriegen einen Suzuki Samurai zugeteilt, mit allen Schikanen. An einem einsamen Strand neben einer verlassenen Villa springt das Ding probehalber schon mal nicht mehr an, nur die Stange des Wagenhebers kann den Anlasser dazu überreden, Seinen Dienst zu tun. Das Stoffverdeck hat schon bessere Zeiten gesehen und ist an allen Ecken und Kanten undicht. Es ist Regenzeit und letzteres erweist sich während der, nicht gerade seltenen, Wolkenbrüche als doch recht störend. In Ermangelung einer Alternative (Das Vehikel ist der einzige Wagen des Vermieters), wagen wir uns also an die Durchquerung der Insel zur karibischen Seite. Es existiert eine Art Autobahn und wir kommen zügig durch – bis Santo Domingo, der Hauptstadt, der einzigen Metropole des Landes. Einem Moloch. Der Verkehr nimmt rasant zu, es herrscht Rushhour, die Leute haben Feierabend und streben Heimwärts, Vierspurige Strassen

werden ganz einfach zu Fünfspurigen umfunktioniert, Polizisten versuchen auf den Kreuzungen Ihr Bestes, auch, wenn Sie zumeist ignoriert werden, die Blechlawinen kommen von allen Seiten, schieben sich kreuz und quer durcheinander, Fußgänger queren die Fahrbahnen, die Seitenspiegel werden eingeklappt, um die sechste Spur zu eröffnen, man hat nicht genügend Verkehrspolizisten für alle Kreuzungen, wie immer merkt man erst, was ein Mensch bedeutet, wenn Er nicht mehr da ist! Ich bekomme eine kleine Ahnung!

Jetzt schieben sich die Autos und Motorräder aus den Seitenstrassen völlig unkontrolliert durch den immer noch fließenden Verkehr, jede entstehende Lücke wird nahezu zeitgleich aufgefüllt, Stoßstange an Stoßstange schwimmt der Verkehr vorwärts, Marion sitzt etwas verkrampft neben mir, ich habe mich in mein Schicksal ergeben und amüsiere mich, die Sonne geht nahezu schlagartig unter, der Äquator ist nicht weit entfernt, die Straßenbeleuchtung geht flackernd an, auch in den Häusern sorgt man für Beleuchtung, meine Scheinwerfer reichen gerade zwei Zentimeter, bis zum nächsten Wagen also! Die Tachonadel pendelt zwischen Null und Eins , Zeit ist relativ, wir kommen voran, äußerst langsam, aber stetig, die Straßenlampen verschwinden, die Häuser lichten sich, nur die Kraftfahrzeuge tauchen Ihre unmittelbare Umgebung in diffuses Licht, ich beginne zu verstehen.

Ein Sturzregen setzt ein, die Scheibenwischer schaffen es nicht, das Wasser läuft auch von innen die Scheiben entlang, Nebelschwaden ziehen durch den aufgeheizten Innenraum, ich habe begriffen: Das muss es sein: Traffic Jam! Die Briten haben die passende Bezeichnung, Chaos trifft es nicht annähernd!

Dann die Überraschung: Der Stau ist weg, hat sich in Nichts aufgelöst – Ursache nicht ermittelbar, wir sind dankbar, ein Hotel taucht am Straßenrand auf, wir halten, klingeln am vergitterten Tor und haben eine Bleibe für die Nacht!

Die Besitzer stammen aus Italien, zum Abendessen gibt es Pasta und Vino Tinto! Der Verkehr dröhnt an unserem Zimmer vorbei, wir schlafen wie die Murmeltiere! Es sind nur noch wenige Kilometer bis zu unserem eigentlichen Ziel, es ist uns egal!

Früh am nächsten Morgen bewältigen wir auch den Rest der Fahrt, traumhafter, einsamer Fischerort mit Tauchschule, wir fragen nach den Seekühen. Seekühe? Ja, vor zehn Jahren hat man mal eine gesehen, man ist zwar jeden Tag unter Wasser, aber diese Tiere sind wohl eher selten! Schade! Wir machen uns auf den Weg zurück, Santo Domingo liegt auf der Strecke, ob wir wohl durchkommen? Null Problemo diesmal, nur ganz normaler Stau, wir können noch etwas die Küste entlang cruisen, ehe wir uns an die Inselüberquerung, zurück nach Sosua machen, Autobahn, die Nacht bricht an, es regnet, der schwarze Asphalt schluckt das spärliche Licht unserer Scheinwerfer, wir sind allein auf weiter Flur, weit hinter uns erahne ich ein weiteres Fahrzeug, auf der Gegenspur herrscht reger Verkehr, sind wir noch auf einer freien Strasse? Oder befinden wir uns mitten auf einer gesperrten Baustelle? Ich fahre äußerst langsam und äußerst Rechts, ich will nicht der Erste in der Baugrube sein. Schließlich werden wir überholt, ich hänge mich in gebührendem Abstand an die Rücklichter, fühle mich bedeutend wohler!

Der Regen hört und hört nicht auf, die Strasse verwandelt sich in einen Fluss, Alles eben – die Schlaglöcher sind nicht mehr mit dem Auge auszumachen, dafür haben wir die Reifen, mit geradezu Traumwandlerischer Sicherheit finde ich jedes Einzelne! Unsere armen Rücken, die Federung des Geländewagens hat schon bessere Zeiten erlebt. Wir kommen wider Allen Erwartens doch wieder zu unserem Hotel nach Sosua, unser Urlaub neigt sich dem Ende zu.

Der letzte Tag ist angebrochen, wir sitzen im Freiluftrestaurant unseres Hotels beim üblichen Frühstück aus Kochbananenbrei mit Zwiebeln und Speck, warten auf unseren Transfer zum Flughafen, Leute mit Latexhandschuhen laufen aufgeregt herum, uniformierte Polizisten suchen das Hotel auf, Hektik herrscht auf der, sonst so ruhigen Seitenstrasse. Was ist hier los? Ein Toter ist in einem der Zimmer aufgefunden worden, die Kripo hat Ihre Ermittlungen aufgenommen, zuviel Rum, erklärt der Hotelmanager. KO Tropfen, vermutet ein deutscher Tourist, der mit Seinem Motorroller vorgefahren ist, Ihm ist das auch schon mal passiert, er hat am Strand ein Mädchen kennen gelernt und sich prompt verliebt, auf dem Zimmer hat man noch einen Drink genommen und das Mädel hat, nachdem er selbst in Ohnmacht gefallen ist, seine gesamten Wertsachen mitgenommen. Er kann die Dame aber genau beschreiben: Dunkle Hautfarbe, schwarze, gelockte Haare und dunkle Augen! Toll, das grenzt die Suche nach der Täterin auf etwa 98% der weiblichen Bevölkerung ein! Wir wünschen Ihm noch viel Glück und besteigen unseren Bus, leider können wir uns nicht weiter in die Ermittlungen einklinken, wir müssen nach Hause.

Eins hab´ ich noch: Gegenüber unseres Hotels hat eine Einheimische ein Zelt aufgeschlagen und verkauft Rum an einer provisorischen Theke. Der karibische Rum ist etwas Besonderes, nicht so etwas wie der Verschnitt, den man bei uns zuhause in den Grog kippt, man genießt Ihn pur, ohne störende Zutaten, nach einem guten Essen, der Absacker überhaupt! Wir kommen gerade von einem solchen Mahl und beschließen, der Dame noch einen Besuch abzustatten, wirklich nur auf einen Drink – so hatten wir geplant, Marion trinkt sowieso so gut wie nie Alkohol.

Außer uns sind nur noch zwei jüngere Männer am Tresen, wir bekommen unsere Drinks, die beiden Jungs unterhalten sich lautstark auf Deutsch, man ist ja unter sich, keiner kann Einen verstehen, Mädels sind das Thema, ich weiß, es gehört sich nicht, aber die beiden sind so laut, wir können nicht anders: Wir müssen zuhören. Stillschweigend kommen wir überein, unseren Aufenthalt noch etwas auszudehnen und uns untereinander auf Englisch zu unterhalten, wie gesagt: Mir schmeckt der Rum!

Wir erfahren also, wie das hier so läuft mit dem Sextourismus, was die Mädchen verlangen und, dass die beiden Jungs der festen Überzeugung sind, jedes der Mädels würde sich auf der Stelle in sie verlieben! Man ist halt Playboy! Wenn auch wahrscheinlich nur außerhalb der Heimat und nur so lange, wie auch Bargeld vorhanden ist, aber wir wollen uns ja nicht in das anregende Gespräch einklinken, auch als Details der Liebeskunst unserer Entertainer ans Tageslicht kommen, Casanova war ein Waisenknabe gegen die Beiden, halten wir uns dezent im Hintergrund. Wir unterhalten uns auf Englisch und bleiben selbst bei eher unverfänglichen Themen. Zugegeben: Mit einem Ohr sind wir immer an der anderen Seite des Tresens! Nach dem fünften Getränk erheben wir uns dann, bezahlen und machen uns auf den Weg in unsere Unterkunft. Leider kann ich die Gesichter der Möchtegernplayboys nicht bewundern, als Marion den beiden in schönstem Hochdeutsch noch einen erholsamen Urlaub wünscht.

Und noch eins: Fahrt durch Farmland, etwas Kleines kommt aus dem Gras, eine große Landkrabbe, zumindest sieht das Tier im ersten Moment für mich danach aus, beim Ausweichen erkenne ich die Spinne, als Solche dann eher riesig! Ich leide an „Arachno Phobie", aus dem fahrenden Wagen heraus allerdings nicht.

„Anhalten, die Spinne wird überfahren!", befiehlt mir die Tierfreundin auf dem Beifahrersitz.

Gehorsam trete ich auf die Bremse: „Ich bleibe aber im Wagen!" stelle ich vorsorglich klar.

Schlingernd und hupend rast ein Einheimischer Fahrer an uns vorbei, der war eben noch einige hundert Meter entfernt, die Strassen sind etwas rutschig, die Bremsen der meisten Autos eher nicht vorhanden, die Fahrer eher etwas unkonzentriert, das Ausweichmanöver gelingt knapp.

Also 100 Meter rückwärts, Spinne retten, zu spät, schon platt! Theraposa Blondie identifiziert später ein Experte das flache Monster auf dem Foto. Pech für Blondie, Glück für mich!

Planter's Punch
4-6 cl guten Rum, keinen Verschnitt!
Saft einer halben Zitrone
1 Teelöffel Grenadine Sirup
gestoßenes Eis
Orangensaft
Eis in ein Longdrinkglas füllen, Rum, Zitronensaft, Grenadine Sirup darüber geben, mit Orangensaft auffüllen und gut umrühren. Fertig!

Mangu (Mus aus Kochbananen)
Zutaten für 2 Personen:
2 grüne Kochbananen
2große Zwiebeln
1 Avocado (Hazel heißen die Besten!)
Salz / Pfeffer
Zubereitung:
Die Kochbananen kochen, stampfen (Nicht zu fein!), Zwiebeln Würfeln und in einer Pfanne glasig anbraten, das Fruchtfleisch der Avocado auslösen, zu Mus zerdrücken und zusammen mit den Zwiebeln unter das Bananenmus mischen, salzen und pfeffern, fertig ist ein gehaltvolles Frühstück! Schmeckt einfach Klasse und hilft gegen Durchfall! Dazu passt starker, schwarzer Tee.

Pauschal! Da kann ja nix passieren!?

Zwei erholsame Wochen liegen hinter uns, sieht man einmal davon ab, dass Taormina, der Küstenort auf Sizilien, nur aus Stufen zu bestehen scheint, Kultur im Amphitheater, baden an der „Isola Bella", der „Schönen Insel" Spaziergänge in den umliegenden Hügeln und auf dem Ätna, relaxen auf der Veranda des Hotels, hoch über dem Trubel der Stadt, all das liegt hinter uns, wir haben unsere Koffer die 200 Stufen zum Ausgang hochgeastet, Lilly war noch mal auf der Wiese, der Bus kommt zehn Minuten vor der avisierten Zeit, wir steigen ein, der Heimweg beginnt! Unter einer Autobahnbrücke endet die Fahrt auch schon wieder, wir warten auf Kleinbusse, die die restlichen Gäste herankarren, die zehn Minuten, die wir früher abgeholt wurden verwandeln sich in eine halbe Stunde Verspätung. Schließlich geht es doch weiter, nur noch an ein paar Hotels vorbei, jedes Mal auf Mitreisende warten und endlich ab auf die Autobahn, sieben Kilometer bis nach Catania, sieben Kilometer Stau! Jedenfalls meldet das das Radio. Plötzlich fließt der Verkehr wieder, die Polizei hat einen Durchgang geöffnet, wir werden zurück geleitet, ewig lang in die falsche Richtung, dann wieder an Taormina vorbei, Versuch über die Landstrasse. Auf diese Idee sind einige tausend andere Autofahrer auch schon gekommen! Nichts geht mehr, die Reiseleiterin und der Busfahrer lassen Ihre Handys heißlaufen, letzterer ist Italiener, während der Fahrt finde ich Seine Telefoniererei gar nicht lustig, er hat ja keine Hand mehr frei, eine hält das Gerät und mit der Anderen wedelt er in der Luft herum, ich melde meine Bedenken an. „Der macht das jeden Tag", meint die „Reiseleiterin", „Der weiß, was Er tut." Ich habe da so meine eigene Meinung und das schlingern des Busses gibt mir recht, finde ich. „Der Fahrer versucht doch nur, einen Ausweg zu finden" bekomme ich zu hören. „Wie denn?" Will ich wissen, mittlerweile ist die Sonne untergegangen, vor uns ein nicht enden wollendes Band an Roten Rücklichtern, man versucht, mittels lautstarkem und intensivem Hupens der Situation Herr zu werden. Die Reiseleiterin wird leicht nervös, wir bleiben ruhig, immerhin sind

148

wir per Pauschalreise unterwegs, da ist die Heimreise selbstverständlich im Leistungskatalog enthalten, die Leute müssen uns also nach Hause bringen, wozu aufregen? Wir müssten längst unsere Bordkarten in Händen halten, quälen uns stattdessen im Schritttempo die Auffahrt der Autobahn empor, den Stau kann man schon von unten sehen, der Akku der Reiseleiterin gibt seinen Geist auf, der Busfahrer gestikuliert weiter mit seinem Telefon, ob er wohl einen Hubschrauber bestellt?

Auch das wird uns nicht weiter helfen, das Flugzeug ist längst in der Luft! Aber wir schaffen es dann doch noch zum Flughafen, der Chef der Reiseleiterin ist vor Ort, er hat Plätze auf einem anderen Flieger, nach Hannover, nicht nach Düsseldorf, eröffnet er uns. Mit dem Erfolg, dass erst mal eine Diskussion der Passagiere anfängt: „Wie geht es dann in Hannover weiter", „Kriegen wir ein Hotel, einen Anschlussflug, einen Bustransfer?" Antworten bekommen wir keine! Aber auch keine Alternative! Wir stellen uns also am Schalter an, höflich lasse ich den anderen Gästen den Vortritt, Marion ist mit Lilly noch mal auf die Wiese, unser kleiner Shi Tsu muss noch mal Pippi!

Unsere Koffer stehen auf dem Band, die Dame hinter dem Tresen hat unsere Tickets in der Hand, warum kommt Sie nicht mit den Bordkarten rüber? Stattdessen telefoniert das Mädel, ich dachte, alles wäre jetzt sehr eilig? Der Oberreiseleiter und die Flughafenangestellte beginnen eine hitzige Diskussion, leider auf Italienisch, ich verstehe kein Wort! Heh! Ich möchte beteiligt werden!

„Die eigentlich auf den Flug gebuchten Gäste sind eingetroffen, wir haben leider keinen Platz mehr an Bord."

„Und jetzt?"

„Sie müssen sich ein Hotel suchen und morgen noch mal nach einem Flug fragen."

„Ich? Ist das nicht eher die Aufgabe der Reiseleitung?"

Leider wohnt der Reiseleiter nicht in der Nähe des Flughafens, läst uns aber (Für den Notfall!) gnädigerweise seine Telefonnummer da. Wir könnten ja auf einer Bank im Warteraum übernachten, dann wären wir auch Morgen früh die Ersten. In Hinblick auf unser recht umfangreiches Gepäck bin ich nicht gerade begeistert von Seiner Idee!

Auf meine Bitte hin läst er sich immerhin dazu herab, uns zu einem Taxi zu begleiten und dem Fahrer ein Hotel zu nennen. Nur zwanzig Kilometer Fahrt und wir sind da! Leider hat man im Hotel etwas gegen Hunde – Keine Chance!

Unser Chauffeur hat die Lösung: Mit Hilfe einer Hotelliste und einem Mobiltelefon macht er eine Bleibe für die Nacht klar. In unmittelbarer Nähe des Flughafens und: Hunde sind erlaubt! Warum konnte das unser „Reiseleiter" nicht?

Wir sind, nach einer etwas unruhigen Nacht (Blöde Ampel, direkt unter dem Fenster), tatsächlich die Ersten auf dem Flughafen. Direktflüge nach Deutschland finden Heute nicht statt, wir können aber nach Rom, ich muss nur die Tickets telefonisch mit zwei verschiedenen Airlines klarmachen. Wenn es weiter nichts ist?

Leider kriege ich die italienische Linie einfach nicht dazu, den Hörer abzuheben, die Ticketverkäuferin (Oder wohl besser: Vermittlerin!) ist dann so nett und versucht Höchstselbst anzurufen. Nett, aber erfolglos. Ich wähle die „Notfallnummer": „Wenn Sie mit Englisch nicht weiter kommen, kann ich Ihnen auch auf Italienisch nicht weiter helfen." Mehr fällt dem Typ an der anderen Seite der Strippe nicht ein. Soweit zum Thema: "Reiseleitung"!

Ich klappere also noch mal alle Schalter ab, soll es Morgen noch mal versuchen, Heute klappt es nicht mit einem Flug, Alles komplett ausgebucht. Toll! Ich bin fasziniert von der Aussicht, bis zur Verrentung zwischen diversen Hotels und Flughafen zu pendeln. Ich rufe in Rom an, die Airlines kenne ich, wenn wir am Flughafen in Rom erscheinen kriegen wir einen Heimflug, nun müssen wir nur noch dahin!

Also: Taxi zum Bahnhof, Fahrkarten kaufen und ab geht die Fahrt! Leider habe ich verbäumt, Sitzplätze zu reservieren, vielleicht war es auch dafür schon zu spät! Mit fähigem Reiseleiter wäre das nicht passiert, so aber müssen wir um Plätze kämpfen, wenigstens meine beiden Mädels sollen es so bequem wie möglich haben. Marion mimt die Schlafende, Lilly pennt wirklich, die Stunden ziehen dahin, nur während der Überfahrt zum Festland können wir uns abwechselnd ein wenig die Füße vertreten, der Zug ist zum bersten voll! Heute habe ich Geburtstag, stört keine Sau, weiß ja auch keiner! Nur 12 Stunden später laufen wir in Rom ein, riesiger Bahnhof, alles modern, auch der Vorplatz: Alle Ecken ausgeleuchtet, ich lasse Marion mit dem Gepäck im Hellen zurück und mache mich auf die Suche nach einem bezahlbaren Hotel in der Nähe, Lilly entpuppt sich als Problem , man ist nicht gerade Hundefreundlich, erst im dritten Anlauf habe ich Glück: „Wenn der Hund lieb ist, darf Er mit", ich hole meinen Anhang, wir haben eine Unterkunft für die Nacht, bezahlbar und sogar mit Frühstück. Jetzt bloß noch was zwischen die Zähne kriegen und der Tag ist gelaufen. Wir machen uns auf den Weg, wieder in Richtung Bahnhof, ich habe seit gestern Abend nichts mehr gegessen. Ein grimmig aussehender Mitmensch versperrt mir den Weg, Lillys Leine stört Ihn. Er stört mich, ich bin etwas genervt. Ein Blick, ein etwas unnettes Wort meinerseits, wir dürfen unbehelligt passieren. Die Restaurants haben geschlossen, es gibt nur noch Bier am Kiosk, wir nehmen zwei Flaschen mit aufs Zimmer, flüssiges Abendbrot halt.

Auf dem Rückweg fliegen leere Weinflaschen aus Hauseingängen auf die Strasse, wir scheinen nicht im feinsten Viertel der italienischen Hauptstadt abgestiegen zu sein. Die Kneipen haben alle schon geschlossen, das Leben geht auf der Strasse weiter, wir versuchen trotzdem noch eine Mütze Schlaf abzubekommen.

Rennend erreichen wir am frühen Morgen den Zug in Richtung Flughafen, wortwörtlich in letzter Sekunde springen wir in das Abteil, völlig durchgeschwitzt, jetzt rächen sich die 50 Kg Gepäck, auch Lilly müssen wir tragen, sonst geht Sie uns in dem Gewühle noch verloren, aber die 4,5 Kg machen es dann auch nicht. Wir sinken in die Polster, diesmal haben wir Sitzplätze, aber die Fahrt ist auch nicht allzu lang.

Der Schalter der Airlines ist schnell gefunden, ich bin in deren Datenbank gespeichert, kann mit Kreditkarte bezahlen, „Pet in Cabin" steht auf meinem Ticket, Lilly darf mit, Sie ist ein „Flughund", das ist Ihr 13. Start, wenn das kein Glück bringt? Kurz, bevor wir an Bord gehen rufen wir noch unsere Abholer an, wir haben uns schon für unser Nichterscheinen am vereinbarten Tag entschuldigt und so fahren Marions Eltern noch mal nach Düsseldorf. An dieser Stelle: Danke!

Wir haben uns unsere Mehrkosten von diversen Stellen quittieren lassen, beziehungsweise, die Tickets behalten. Alles in Allem summiert sich der Spaß auf 624€, die möchte ich vom Reiseveranstalter erstattet bekommen und sende den Leutchen einen netten Brief, schildere unsere Heimfahrt und erwähne beiläufig die Leistungen der Reiseleitung vor Ort, kann sein, dass ich nicht besonders Hilfreich im Hinblick auf eine Beförderung der Angestellten bin, aber man tut, was man kann!

Auch nach einer Woche erhalte ich keine Antwort, man ignoriert anscheinend meine Post, dabei habe ich extra „Einschreiben mit Rückschein" gewählt, damit auch ja Nichts schief geht. Ich schreibe also ein zweites Mal, diesmal fehlt das Wörtchen „Bitte" in meinem Text, außerdem versuche ich klarzustellen, dass es sich bei meinem ersten Brief nicht um eine fröhliche Schilderung einer

Reise, sondern um eine, in meinen Augen berechtigte, Forderung gehandelt hat. Ergebnis nach einer Woche: Keinerlei Reaktion! Was soll das?

Dritter Brief an den Kundenservice: Ein „Binnen" Brief: Wenn Sie sich nicht binnen einer Woche zum Sachverhalt äußern, sehe ich mich gezwungen, einen Anwalt einzuschalten! Mit freundlichen Grüßen… .

Drei Tage später liegt ein netter Brief im Kasten. Inhalt: Ein Reisegutschein über 150€ und eine Entschuldigung für die entstandenen Unannehmlichkeiten, außerdem, im Briefkopf, ein Name (Endlich weiß ich, mit wem ich es zu tun habe) und eine Telefonnummer, ich bin, gelinde gesagt: Stinksauer! In dieser Stimmung greife ich also zum Hörer und rufe besagte Nummer an. Man erklärt mir, dass der Gutschein als Wiedergutmachung gedacht war und ich mit separater Post selbstverständlich meine Kosten erstattet bekäme. Ich muss mich also für meinen, doch etwas barscheren Ton entschuldigen. Wer kann den so was ahnen? Pauschal? Da kann ja nix schief gehen!

Coniglio agrodolce (Kaninchen süßsauer)

Zutaten: (Für vier Personen)
1 Kg Kaninchenteile (Ohne Kopf, ich mag es nicht, wenn mich mein Essen ansieht!)
1 Viertelliter guten Rotwein (Dann kann man den Rest noch trinken!)
2 Zwiebeln
1 Bund Petersilie, 1 Lorbeerblatt, 2 Salbeiblätter,
2 Gewürznelken, Pfefferkörner, 50 g Pinienkerne, 50 ml Rotweinessig (Besser: Balsamiko!)
50 g Sultaninen, 1 kleines Glas Kapern, schwarze, nicht entkernte Oliven, Olivenöl, Salz, Pfeffer, Mehl zum wenden, Klare Fleischbrühe und 2 Esslöffel Zucker.

Zubereitung:
Die Kaninchenteile waschen und trocken tupfen, eine kleingeschnittene Zwiebel und den Rotwein über die Fleischstücke gießen und über Nacht marinieren lassen.
Nach der Marinierzeit die zweite Zwiebel klein hacken, Schinkenspeck in Würfel schneiden und, zusammen mit den Pinienkernen in einem Topf mit Olivenöl leicht andünsten, das Fleisch aus der Marinade nehmen, gut abtrocknen, in Mehl

wenden und in dem Topf von allen Seiten scharf anbraten. Die Hitze reduzieren, Gewürze, und Sultaninen zugeben und etwas schmoren lassen, die Marinade über ein Sieb dazuschütten und das Ganze bei geringer Temperatur etwa eine halbe Stunde köcheln lassen, bis die Flüssigkeit völlig eingekocht ist. Etwa einen halben Liter heiße Fleischbrühe über das Ganze geben, die Oliven und die Kapern in den Sud und weitere 40 Minuten garen. Kurz vor Ende der Kochzeit den Zucker in einer Pfanne goldgelb karamellisieren lassen, mit dem Essig ablöschen und über das Kaninchen gießen. Die Soße noch etwas einkochen lassen und das Kaninchen heiß servieren. Da es sich um ein italienisches Gericht handelt empfehle ich Gnochi (Nudeln aus Kartoffelteig) als Beilage, dazu einen gut temperierten Rotwein (Eine Dreiviertelflasche sollte ja nach dem Kochen noch vorhanden sein, wenn der Koch nicht schon zugeschlagen hat!) und fertig ist ein Festtagsmenü.

Die Geschichte der arabischen Stempel.

Es ist wieder mal soweit, meine alljährliche Flucht vor Weihnachten steht an, Jordanien soll es sein, die Flüge nach Amman oder Aqaba am Roten Meer sind unverschämt teuer, einzig ein Flug über Damaskus, die Hauptstadt Syriens ist, trotz des überteuerten Visa, bezahlbar. Nachteil: Wenn auch nur der Verdacht eines Besuches Israels besteht, wird mir die Wiedereinreise verweigert. Steht schwarz auf weiß in meinem Reisepass. Nach einem kurzen Zwischenaufenthalt in La Valletta auf Malta, den ich zum Mittagessen nutze, Landung in Damaskus, die Wärme empfängt mich in diesem Land, das von den Pauschalreiseanbietern noch nicht entdeckt worden ist. Ich nehme ein Sammeltaxi zur jordanischen Grenze, das zweite Visa der Reise wird in den Pass gestempelt, die Preise Hierfür richten sich nach dem Heimatland des

Passinhabers, als Deutscher hat man noch einen recht humanen Eintrittspreis zu entrichten, Amerikaner müssen seht tief ins Portmonee greifen, warum wohl? Ein Taxi bringt mich zum Busbahnhof nach Amman, ich besteige einen Kleinbus mit Raucherlaubnis und lasse mich ans Tote Meer kutschieren, das Selbstdrehen von Zigaretten wird in diesem Land nur von den Nomaden praktiziert – und Die verwenden keinen Tabak! Ich habe also meine liebe Not, jedem der Mitreisenden den Inhalt meines Tabakbeutels zu erklären: Nein, das sind keine Drogen! Ich beschließe, in der Öffentlichkeit auf Fertigzigaretten umzusteigen.

Eine Bungalow Siedlung ist die einzige Möglichkeit, am Ufer des Toten Meeres zu übernachten, Marmor verkleidete Häuschen, verbunden durch Marmor gepflasterte Wege, umgeben von hohen, Stacheldraht gekrönten Betonmauern mitten in einer trostlosen Wüstenlandschaft. Kinder spielen mit alten Ofenrohren Luftabwehr in der steinigen Landschaft, der grimmige Gesichtsausdruck der Kleinen bringt mich zum Lachen, die Bande stimmt ein, ein paar Süßigkeiten und wir sind die besten Freunde. Man passt auf meine Klamotten auf, während ich mich in die doch recht salzigen Fluten stürze. Brustschwimmen erweist sich, des enormen Auftriebs wegen, als schwierig, ich lasse mich auf dem Rücken treiben. Es ist kühl hier, am tiefsten Punkt, den man auf der Erdoberfläche erreichen kann. Wichtig ist, direkt nach verlassen des Wassers zu duschen, das Salz bildet nahezu sofort eine Kruste auf der Haut, soll gesund sein, juckt aber wie verrückt! Direkt neben der Urlaubsanlage treffen Busse ein und spucken Touristen aus, nur einmal ins Wasser, oder sich im Uferschlamm suhlen, für 15 Dollar duschen und wieder weg. Ich bin froh, eine Bleibe für die Nacht zu haben!

Man kann die Lichter Israels sehen in der Nacht, unerreichbar für mich.

Mit Sonnenaufgang mache ich mich auf den Weg, weiter nach Petra, Busse verkehren nach einem, für mich unverständlichen Fahrplan, ich hebe den Daumen und bin wenige Minuten später in einem Transporter für Tiermedizin mit zwei Vertretern aus der Hauptstadt. Verkehrsregeln, wie zum Beispiel Geschwindigkeitsbegrenzungen, existieren nur für Touristen, bedeutet man mir und so vergeht die Reise nahezu im Fluge, angesichts der doch nicht ganz so gut ausgebauten Strassen, eine arge Strapaze für meinen Rücken.

Wadi Musa heißt das Ziel, am Ortseingang befindet sich eine Kapelle, an dieser Stelle soll Aaron, der Bruder Moses, seine

154

Wanderstab in den Boden gerammt haben, die daraufhin entstanden Quelle spendet immer noch etwas Wasser.

Die Hauptattraktion des Ortes ist jedoch Petra, die Felsenstadt der Nabatäer an der ehemaligen Weihrauchstrasse, bekannt aus dem Indiana Jones Film: „Auf der Suche nach dem heiligen Gral". Ein Mövenpick Hotel hat in der Nähe aufgemacht, Luxus pur! Ich beziehe ein Zimmer in einer kleinen Pension in der Mitte des Ortes, umgeben vom Basar. Die Kohlköpfe wiegen gut und gerne 10 Kilogramm, womit habt Ihr die Dinger gedüngt?

Unaufdringlich sind die Händler, das Angebot beschränkt sich auf Gegenstände des täglichen Bedarfs, Reisende verirren sich kaum in diesen Teil der Stadt, der Tourismus beschränkt sich auf die unmittelbare Umgebung des Luxushotels, die meisten Besucher der Felsenstadt kommen für eine Tagesausflug aus Aqaba, etwas Kultur tanken während des Strandurlaubs am Roten Meer. Ich kann bei Wasserpfeife und Tee den Rest des Tages vor einem Cafe sitzen und mit den Einheimischen plaudern. Es braucht dafür keine gemeinsame Sprache, Back Gammon kann man spielen, ohne sich verbal verständigen zu können. Mit Sonnenuntergang wird es schlagartig unangenehm kühl. Ein kleiner Weihnachtsbaum schmückt die Rezeption des Hotels, ein Gruß an europäische Touristen, die sich nur selten in diesen Teil der Stadt wagen, man bleibt lieber unter sich. Ich lasse mir eine zweite Decke geben, die Nacht ist kalt.

Mit dem Sonnenaufgang stapfe ich durch den schlafenden Ort, die Reisebusse von der Küste treffen erst gegen Mittag ein, ich bin der Erste an der Kasse, nur einige Führer lungern am Eingangsbereich der Schlucht herum, auf der Suche nach einem lohnenden Geschäft, eine Einzelperson lassen Sie in Frieden. Eng ist der Zugang zur Stadt in den Felsen, und kurvenreich, die Sonne dringt nicht bis zum Boden der Klamm, Wasserrinnen laufen an den Seiten entlang, dann wird es hell und ich erblicke die erste Fassade, nicht gemauert, sondern aus dem nackten Sandstein gehauen, eine zerschossene Steinvase krönt das Bauwerk, der Sage nach soll sich in Ihr ein Schatz befinden, darum nennt man das Gebäude (Kann man es so nennen?), den Tresor. Die Beduinen haben auf die Vase geschossen, in der Hoffnung auf Reichtümer, die Vase ist aus massivem Stein! Schade!

Das Innere ist eher enttäuschend, Bunkerähnlich, nackter Stein, Rahmen sind in die Wände gehauen, früher enthielten Sie wohl Kunstwerke, Heute sind auch Sie leer. Nur die Farben des

Sandsteines schmücken die Decke und die Wände, alle Braun, Gelb und Rot-Töne sind vertreten, bilden ein Gemälde der Natur. Pferde, Esel und Dromedare warten mit Ihren Eigentümern vor dem Eingang auf Fußfaule Besucher. Ich ziehe den mühsameren Marsch vor, man ist allein, kann in die höher gelegenen Höhlen klettern, keiner passt auf einen auf! Die Aussicht ist atemberaubend, die Abgründe ungesichert, die Wege voller Sand, Vorsicht ist geboten, die Reisegruppen kommen erst in einigen Stunden, ich bin allein auf weiter Flur, nur die Beduinen wohnen noch auf dem Gelände, oberhalb des Amphitheaters aus römischer Zeit, unsichtbar für die normalen Besucher, Sie haben die weniger eindrucksvollen Räume im Fels für sich erobert, wohnen neben den Ställen der Esel und Dromedare, verdienen sich ein wenig Geld mit Führungen und Reitgelegenheiten, laden mich zum Tee ein. Die armen Esel müssen derweil übergewichtige Touristen die steilen Hänge hoch schleppen, gerne machen sie das nicht, aber Ihre Herren brauchen das Geld. In jedem Seitental neue Fassaden aus buntem Stein. Neue Wunder der Baukunst aus alter Zeit, Jahrhunderte lang unerobert, uneinnehmbar, geschützt durch steile Felsen auf der einen- und die unendliche Weite der Wüste auf der anderen Seite. Erst gegen Mittag fallen die Horden der Pauschalreisenden lärmend ein, ich verlasse diese Stadt, diese Häuserschluchten im wahrsten Sinne des Wortes.

Petra, aus dem griechischen: Fels. Erbaut vom den Nabatäern, einem semitischen Beduinenstamm war Jahrhunderte lang ein wichtiger Kreuzungspunkt von Karawanenstrassen, durch die geschützte Lage in einem Ring aus Felsen nahezu uneinnehmbar, die Herren der Stadt ergaben sich erst im Jahre 64 nach Christus unter Ihrem König Aretas dem III der römischen Besatzungsmacht. Zur Blütezeit der Stadt lebten bis zu 30.000 Menschen in den Höhlen, sowie in einfachen, nicht mehr erhaltenen, Häusern und Zelten.

Für die Nacht besorge ich mir eine weitere Wolldecke, es wird kalt, wenn die Sonne untergeht!

Ein Bus bringt mich nach Aqaba, an die Küste des Roten Meeres, an die Grenze zu Israel. Wieder ist das Land in Sichtweite, nur einen Steinwurf entfernt und doch unerreichbar, ich beziehe ein Zimmer in der Mitte der Stadt, Alkohol ist auf den Zimmern verboten, auf dem Dach gegenüber türmen sich die Scherben der Weinflaschen, in allen Restaurants der Stadt wird Bier angeboten, härtere Drinks nur in den Sternehotels am Strand.

156

Der Bustransfer ist inklusive, wenn man mit dem Royal Diving Center die Unterwasserwelt erkunden will, Bootsfahrt nicht, man verfügt nicht über ein Solches, rückwärts watscheln wir mit unseren Flossen über die Wackersteine ins tiefere Wasser, immer zu Zweit, Hand in Hand, damit Einer den Anderen stützen kann. Tot ist es unter der Wasseroberfläche, kein Vergleich zu den Tauchgründen an der ägyptischen Küste, jedes Fischlein wird verfolgt und bestaunt, die Wüste setzt sich unter Wasser fort, man macht Badeurlaub in der Stadt, der Strand ist gesäumt mit kleinen Restaurants, gegen den stetigen Wind geschützt durch alte Segeltuchplanen, die meisten Touristen verlassen Ihre gepflegten Hotelanlagen nur Tagsüber. Wasserpfeifen werden zu horrenden Preisen angeboten, der Tee kommt aus Beuteln, man hat sich auf die Gäste eingestellt, nur in der Nähe des Busbahnhofes bekomme ich mein geliebtes arabisches Frühstück aus Kichererbsenpüree mit gerösteten Sesamöl und Fladenbrot , bis Hierher kommen die Touristen nicht. Ich habe meine Ruhe.

Ein moderner Reisebus bringt mich bis Amman, vor Ort haben sich Taxiunternehmen darauf spezialisiert, Leute über die Grenze nach Syrien zu bringen, die Zöllner suchen nach Anzeichen für einen Besuch in Israel, sonst gibt es keine Schikanen. Dann wieder in einen Bus, Palmyra heißt mein Ziel, die Palmenoase, ein Ruinenfeld aus römischer Zeit, mit imposanten Säulenalleen und einer Wüstenburg. Schnurgerade Straßen kennzeichnen den modernen Bereich, Dattelplantagen gaben den Namen. Es herrscht Ramadan, für die Gläubigen ist Essen und Trinken verboten, solange die Sonne am Himmel steht, Ausnahme sind Kranke und Reisende, ich bin Letzteres! Und ich habe Hunger. Nach dem Essen begebe ich mich in den Palmenbezirk, ich möchte den Leuten nicht den Duft einer Zigarette um die Nase wehen lassen, wenn doch auch das Rauchen Tagsüber verboten ist. Unter einer der zahlreichen Bäume lasse ich mich nieder, endlich wieder Tabak, die ewigen „Aktiven" gehen mir auf den Wecker, aber ich möchte auch nicht jeden in meinem Tabak nach versteckten Aluminiumpäckchen wühlen lassen. Hier bin ich alleine. Bis auf den circa 16 jährigen Jüngling, der plötzlich aus dem Dickicht auftaucht und mir wütend erklärt, dass doch Ramadan herrscht und rauchen verboten sei. Etwas ungehalten erkläre ich Ihm nun meinerseits die Regeln des Ramadan in Bezug auf Reisende und vor allem Ungläubige, vergesse auch nicht hinzuzufügen, dass ich auch noch etwas Essbares im Rucksack habe und Dieses in Seinem Beisein verzehren werde, wenn er sich nicht schleunigst trollt.

Er muss den leicht gereizten Unterton in meiner Stimme richtig gedeutet haben, jedenfalls verschwindet das Kerlchen wieder zwischen den Palmen.

Ich, für meinen Teil rauche in Frieden und begebe mich auf Wanderschaft durch die Säulenarkaden mit den freischwebenden Torbögen. Aus der Entfernung wirken Sie fragil, wie aus Bauklötzchen zusammengesetzt, aus der Nähe sind Sie wuchtig, man hat aber immer noch ein ungutes Gefühl, unter Ihnen hindurch zu laufen. Ein Tempel zu Ehren des Gottes Baal ist renoviert und kostet Eintritt, alles Übrige ist frei zugänglich. Nach zwei Stunden erklimme ich den Burgberg, an zahllosen Kratern vorbei, sieht aus, wie ein Übungsfeld der Armee, schweißtreibendes Unterfangen in der Hitze des Nachmittags, kein Lüftchen bewegt sich, auf der anderen Seite hätte ich bequem mit dem Bus hierher gelangen können! Ich besichtige die Wehranlage, genieße die Aussicht über die Palmenplantagen, die schnurgeraden Straßen der Ortschaft und die angrenzende Wüste um mich dann an den Abstieg zu machen. Den Abend verbringe ich in einem Cafe, Schachspielen mit dem Lehrer der gemeindeeigenen Schule, ein langer Abend.

Am nächsten Morgen geht die Fahrt nach Hama, einem Ort, dessen Hauptsehenswürdigkeit in den sogenannten „Nurias" besteht, riesigen, hölzernen Wasserrädern, deren Quietschen die Luft erfüllt. Im Bus habe ich einen Einheimischen kennen gelernt, der den Ort in den schillernsten Farben geschildert hat. Ganze Kamele hängen in den Schaufenstern der Metzgereien, nachts werden die Zahlreichen Moscheen grün angestrahlt, Grün, die Farbe des Propheten. Grün schimmern auch die bemoosten Wasserräder im Licht der Scheinwerfer, schon was Besonderes, ähnlich den Wassermühlen zuhause, nur halt ohne die dort immer anzutreffende Gastronomie, nicht mal ein Bier gibt es hier.

Meine Urlaubzeit neigt sich dem Ende zu, ich buche eine Busfahrt nach Damaskus für den nächsten Morgen.

Die Hauptstadt Syriens erweist sich als lohnendes Ziel, enge, verwinkelte Gässchen, Wasserläufe mitten in der Stadt mit windschiefen Häuschen erinnern an Straßburg. Wunderschöne Moscheen mit Minaretten an jeder Ecke, Runden und Eckigen, auf einem dieser Türme soll Jesus am Tage des Jüngsten Gerichts die Erde wieder betreten. (Warum ausgerechnet in einem muslimischen Gotteshaus konnte mir keiner sagen.)

Es ist kalt und es regnet beständig, ich wärme mich in einem Laden für Altertümer auf, man hat einen alten Kanonenofen, der eine gemütliche Wärme abgibt! Ich muss nur darauf achten, keinen der ausgestellten Gegenstände allzu lange anzusehen. Der Ladenbesitzer ist nicht nur nett, sondern auch äußerst geschäftstüchtig!

Jetzt habe ich die Beiden Europäer schon zum dritten Mal getroffen, ein Paar aus Deutschland am Anfang einer Weltreise, wir kommen ins Gespräch und besuchen ein Restaurant am Stadtrand, die Speisenkarte ist an die Wand gepinselt, das Essen zufriedenstellend, nur die Preise haben sich, seit der Zeit der Entstehung besagter Karte leider vervielfacht! Da man verabsäumt hat, uns von diesem Umstand zu berichten, beschließen wir, die Rechnung etwas in unserem Sinne umzustellen, was dem Kellner und auch dem schleunigst herbeigeschafften Besitzer des Etablissements nicht ganz in den Kram passt.

Ende des Liedes: Man gibt uns schließlich Recht, spricht aber ein Hausverbot aus. Trifft uns nicht besonders hart!

Im, sehr schmuddeligen, um nicht zu sagen: Verkommenen, Hauptbahnhof der Stadt steht ein restaurierter Waggon des Orient Expresses auf einem Abstellgleis, hier wollen wir einkehren und den Tag ausklingen lassen. Erstaunlicherweise erweist sich das Innere als gepflegtes Cafe in ungepflegter Umgebung, ein Treffpunkt der Honoratioren der Stadt. Wir fühlen uns wohl und die Verabschiedung fällt etwas länger aus als geplant.

Am nächsten Morgen werde ich in aller Herrgottsfrühe von einem Taxi zum Flughafen kutschiert, eine schöne und, wie immer, viel zu kurze Zeit ist zuende.

Hummus (Kichererbsenpüree)
Zutaten:

> *Kichererbsen aus der Dose, oder getrocknete, die müssen dann nur über Nacht eingeweicht werden.*
> *Geröstetes Sesamöl*
> *Olivenöl*
> *Zitronensaft*
> *Knoblauch*
> *Tahina (Sesampaste)*
> *Geröstete Sesamsaat*
> *Salz*
> *Fladenbrot*

Zubereitung:
Die Kichererbsen mit etwas geröstetem Sesamöl, Olivenöl, zerquetschtem Knoblauch, Zitronensaft und Salz (Menge nach

Geschmack, muss man ausprobieren!) pürieren, mit Tahina vermischen und mit gerösteten Sesamsamen bestreuen. Besteck ist nicht nötig, einfach mit abgerissenen Stücken Fladenbrot aufnehmen und genießen.
Dazu frischen Tee und fertig ist das Frühstück!